実話怪談
玄室

神沼三平太
若本衣織

竹書房
怪談
文庫

※本書に登場する人物名は、様々な事情を考慮してすべて仮名にしてあります。また、作中に登場する体験者の記憶と体験当時の世相を鑑み、極力当時の様相を再現するよう心がけています。現代においては若干耳慣れない言葉・表記が登場する場合がありますが、これらは差別・侮蔑を意図する考えに基づくものではありません。

まえがき

本書は若本衣織と神沼三平太の二人の初の共著となる。

この本には、一言で言えば、読み手の逃げ場を断《た》っていく、そんな怪談が収められている。人によっては悪意の塊とも取られかねないような話が幾つも収められている。

ただ我々は、世の中には、このような怪談でしか悦びを得られない怪談中毒者がいることも知っている。それは書き手である我々自身がそういう中毒者だから、よく分かる。

こういう話、好きでしょう。聞きたかったでしょう。こんな話。

嫌ですよね。怖いですよね。あまりにも酷いですよね。

そう言いつつも人に見せられない笑顔を浮かべ、著者二人でお互いに手持ちの怪談を開陳し続けた結果が、この本だ。

いい話、揃ってますよ。

さて、本書の重さがどの程度か。最後まで楽しんでいただければ幸いだ。

神沼三平太

目次

■……神沼三平太
●……若本衣織

自殺写真

アウトドア派で活動的だった三輪さんも、コロナ禍の影響からステイホームを余儀なくされた。

仕事もパソコンを使っての物流管理のため、自動的に在宅勤務となった。

このことが決定打となり、三輪さんの精神状態は加速度的に蝕まれていくこととなる。

仕事柄、営業と現場の板挟みになり、ストレスを抱えることが多い。仕事に対する愚痴や不満があったとしても、今までは業後の飲み会や趣味であるジム通い、また休日となれば同期会やバーベキューなどで鬱憤《うっぷん》を晴らしていた。しかし、それが全くできなくなったのだ。

仕事の量は変わらないどころか、リモート化により煩雑《はんざつ》な事務手続きが増えた。同僚や友人は家庭持ちが多く、オンライン飲み会も度々中断を挟んでいまいち盛り上がらない。誰とも会えない、話せない。三輪さんはたちまち鬱《うつ》状態に陥った。

最初はインターネットの交流サイトで、寂しい人同士が集うコミュニティに入ったことだった。その人たちが希死念慮《きしねんりょ》に苛《さいな》まれていることもあり、いつしか自身も引き摺《ず》られるように自殺を考えるようになった。鬱状態で何も考えられず、インターネットの検索バーにひたすら「自殺」と打ち込み、ヒットしたページを読む日々だった。

そんなある日、グロテスクな画像を集めているまとめサイトに行き当たった。そこでは、様々な遺体の画像が集められていた。

焼死体、轢《れき》死《し》体、水死体、陰惨な事件の被害者の遺体。殆どは海外のものだったが、中には日本人の遺体もチラホラあったという。

目を背けるような写真ばかりだったが、三輪さんはどっぷりとのめり込んでしまった。

特に惹き付けられたのが飛び降り自殺の写真だ。

きっかけは週刊誌に掲載された、投身自殺したアイドルの転載写真を見たことである。アスファルトに叩きつけられ、脳漿《のうしょう》が飛び散っている写真を狂ったように見て回った。

頭が割れることで、自身の頭に詰まった靄《もや》も霧散していくような気がしたのだ。

様々なサイトを巡回し、飛び降り自殺や転落死の写真を蒐集した。自身が死者の代わりに横たわる姿を想像すると、一瞬でも現実を忘れられ、とても気持ちが落ち着いた。

仕事のオンラインミーティングで会う同僚からも、一時は塞ぎこんでいたが、最近は明るくなったと言われるようになった。

頭の片隅に小さな罪悪感の芽生えはあったものの、それ以上に麻薬的な依存性や精神状態への好影響のほうが勝り、いつしか手元のタブレットで自殺写真を眺めながらではないと仕事に手が付かないようになってしまった。

その日もオンライン上で会議を行っていると、突然、パソコン画面の向こうの同僚が「あっ」と小さな悲鳴を上げた。

「ちょっと、三輪さん。窓の外！　窓の外、確認してください」

尋常ではない同僚の様子に、三輪さんが慌てて窓の外を確認する。だが、特段変わった様子はない。

何が起こったのかと同僚に訊ねると、何か人のようなものが落下していくのが見えたのだという。飛び降り自殺のように見えたという言葉に、三輪さんは心臓が跳ね、慌てて手元のタブレットの画面を閉じた。

そのときは見間違いだということで話を無理やり終わらせたのだが、度々同じようなことを指摘されるようになった。そのたびに三輪さんは、

「隣にあるビルの影が反射しちゃうみたいなんですよ」

そう言って誤魔化すよう努めていた。しかし、まるで自身の願望が見透かされているような気がして、オンラインミーティングが入るたびに憂鬱さが増すようになっていった。

全社リモートワークが義務化してから、一年目のことだった。

その日も、三輪さんはパソコン画面と向き合いながら、傍らではタブレットに自殺写真を表示していた。

どうにも心が沈む日だった。一方的に喋り続ける同僚の言葉を流し聞きしながら、手元のタブレットをスクロールする手が止まらない。

死にたい。その言葉が脳内に充満している。

丁度、在宅勤務の継続が正式に決定したことについての話をしているときだった。

「もう、いい加減にして！　お願いだから、カーテンを閉めて！」

突如、それまで流暢《りゅうちょう》に話していた同僚が絶叫した。驚いて、タブレットを弄《いじ》る手が止まる。慌てて同僚に向き直ると、画面越しでも分かるほどに同僚は青い顔で震えている。

三輪さんが「いや、あれは隣のビルの影が」と言いかけたところで、同僚は絶叫した。

「違うわよ！　もう四回も落ちてるじゃない」

「何がですか？」

「あなたが！」

同僚の金切り声に、三輪さんは絶句した。

「あなた、今日だけで四回も落ちているのよ！　あなたの真後ろで！」

現在、三輪さんは休職し、医療機関でカウンセリングを受けている。自殺写真のフォルダは、まだ消していない。

なきごえ

小林さんは都内の広告会社に勤務するデザイナーで、現在は在宅で仕事をこなしている。仕事は多忙で、一日の殆どをパソコンに齧《かじ》り付いて過ごす。特に一日の大半をイラストソフトと向かい合い、細部を拡大して色味やデザインなどをチェックするため、小林さんは慢性的な眼精疲労持ちだった。ここ数年で極度に視力が低下したこともあり、三十分に一回は窓の外を眺め、一息つくよう心掛けている。これが、心身ともにリフレッシュするため最も効果的なのだという。

小林さんが住んでいるマンションは東京都台東区の、所謂《いわゆる》下町エリアに存在している。人情味が溢れる町の懐深い住民の性格ゆえか、この地域にはやけに野良猫が多かった。小林さん自身、大の猫好きであるものの、住居兼事務所はペット不可の賃貸物件であるため、いつからか窓越しに猫の姿を探すのが休憩時間の日課になっていた。

だからこそ、その日も朝からずっと猫が鳴き続けていることが気になっていた。ベランダから身を乗り出して姿を探すが、鳴き声の位置を特定することができなかった。鳴き声は大きくなったりか細くなったりと変化はあるものの、断続的に聞こえてくる。どこかで親と離れた仔猫がいるのだろうかと心配したものの、業務開始とともにスタートした会社のウェブ会議のため、後ろ髪を引かれる思いでカーテンを閉めた。

ピンポーン。

午前十時を少し回ったところだった。ヘッドホンの向こう側で、くぐもったチャイムの音が鳴っている。昨今のステイホームの習慣からか、小林さんもなるべく通信販売を活用するようにしていた。元々引きこもり気質であった彼は、在宅勤務を機にその傾向が加速し、今では生鮮食品ですら宅配便で届けさせる始末である。

通販の進歩で、在宅仕事をしている独身男性には便利なことこの上ない世の中になった。小林さんは歓迎していた。ひっきりなしにやってくる宅配便に対応するため、大型の宅配ボックスも玄関前の外廊下に設置してある。

ピンポーン。

再びチャイムが鳴る。二回以上鳴るときは、大抵訪問販売か宗教勧誘の類だった。ウェブ会議は白熱しており、わざわざ抜け出す余裕も必要性も感じられない。小林さんはヘッドホンの音量を上げて無視を決め込んだ。

だが、それ以降も、度々インターホンが鳴る。訪問販売にしろ、宗教勧誘にしろ、また宅配便にしろ、どうも今日は鳴る回数が多すぎるように思えた。

それでも、小林さんが席を離れることはなかった。半ば意地になっていたのだ。

正午。午前中いっぱいを使った会議も終了し、小林さんも漸《ようや》く大きく伸びをした。すると、その瞬間を待っていたかのように、インターホンが鳴った。

ピンポーン。

またか。小林さんはうんざりした。ピンポーン。再び間延びした音が鳴る。今回も無視を決め込むか。そう思っていたのだが、今度はドンドンと扉を叩く音が響く。

何事だろうか。今まで扉を叩かれたことなどない。流石に仰天して、玄関の覗き穴から様子を窺《うかが》う。すると、そこには憤怒の表情の中年女性、困り顔の初老男性、面倒くさそうに腕組みをする若い女性が立っていた。まとまりのない雰囲気から、宗教勧誘には見えなかった。

「はい。何でしょう」

恐る恐る外へ顔を出した瞬間、中年女性が物凄い速さで小林さんを掴むと、マンションの廊下へ引っ張り出した。

「あんた！　何度も何度もチャイムを鳴らしたのに、どうして出ないの！」

中年女性の剣幕に圧倒され言葉を失っていると、今度は腕組みをした若い女性がわざとらしく溜め息を吐いた。

「あのぉ。日中家にいるの、貴方だけじゃないんですよね。私、これから夜勤あるのに全然寝られないじゃないですか。迷惑なんですけど」

若い女性に同調するように、初老の男性が何度も頷《うなず》く。

「私なんか引退している身だから良いけど、皆さん迷惑しているから。チャイムを何度も押したのに出ないから、最悪の事態を想定して通報するところだったよ」

中年女性も「そうよ」と相槌を打つ。集まった三人は好き好きに文句を言っているが、小林さんには何の話だか全く読めなかった。

「あの、皆さん。何が何だか、自分には全く……」

「何、しらばっくれているのよ！　幾ら騒音はお互い様だって言っても、何時間も何時間も続くようなら、こちらも頭が変になるわよ！」

騒音——？

小林さんには全く心当たりがなかった。今回もウェブ会議は殆ど営業と製造が言い合いをしていただけで、小林さんが発言しているのは正味五分にも満たなかった。ヘッドホンからの音漏れもあり得ない。一体、何についてそんなに怒られているのだろう。そんな雰雰囲気が伝わってしまったのか、中年女性のボルテージは最高潮に達した。

「いい加減にしなさい！　私も育てていたから分かるけど、あんな何時間も何時間も赤ちゃんが泣き続ける訳がないのよ。あなた、虐待しているでしょ！」

赤ちゃん？　赤ちゃんって、誰のだろう。

今度こそ、小林さんは呆気に取られてしまった。思わず、何も言い返せないまま、玄関のドアを全開にする。男の独り暮らしを凝縮したような、雑然とした玄関が露わになる。

「子供、いるように見えますか？」

今度は三人が固まる番だった。さほど広くもない単身者向けのワンルームは、玄関から奥のベッドスペースまで一続きである。明らかに、子供のいる気配はない。

「ちょっと、ごめんなさい。私達、てっきり貴方のところから聞こえるんだと思って」

急にしおらしくなった訪問者達に毒気を抜かれ、小林さんもすっかり〈赤ちゃん〉の正体のほうが気になってしまった。

「そんなにずっと泣き声が聞こえるんですか？　僕、全然気が付きませんでした」

「そうなんですよ。今みたいに途中で止まることはあるんですが、それでも朝からずっと泣いてるんです。てっきり最初は野良猫の声かと思っていたのですが、どうも違うみたいで」

若い女性は困惑したような様子で、辺りを見回す。皆々、ある程度の確信を持ってここへ集まったのだろう。四人の間で嫌な沈黙が流れた。

「取り敢えず、児童相談所か警察に連絡したほうが良いかもしれませんね。自分もそろそろ昼休みが終わるんで、お暇《いとま》したいのですが」

気まずい空間を抜け出したくて、小林さんが恐る恐る解散を切り出したときだった。

ふえええ、ふえええ、ふえええ。

その場にいた全員が固まった。明らかに猫の声ではない、赤子の声がマンションの廊下に響き渡った。キョロキョロと周囲を見渡すが、勿論、声の主は見当たらない。

しかし――。

「……確かに、これ、うちから聞こえますね」

三人の言った通り、明らかに声の方角は小林さんの部屋である。思い切って玄関のドアを開けたものの、勿論、赤子の姿はない。しかし、変わらず泣き声は続いている。

「あの。これ、家の中からじゃないかもしれません」

おずおずといった感じで切り出した若い女性の視線の先にあるのは、玄関脇に置いてある大きな宅配ボックスだった。耳を当てると、確かに中から弱々しい赤子の声が聞こえる。

全身の血の気が引いた。最近、在宅ワークのストレスで子供への虐待が増加しているという報道を目にしたばかりだった。

「ちょっと、何ぼうっとしているの！　早く開けなさいよ！」

中年女性が金切り声で叫ぶ。

冗談じゃない。三人の話だと、もう何時間も泣き声が続いているのだ。明らかに悪意を持って、この場所に遺棄したのが想像できる。まさかとは思うが、警察に聴取を受けたとき、自分自身の責任も問われてしまうのだろうか。共犯を疑われるかもしれない。小林さんの頭の中を嫌な予想が駆け巡る。

震えながら暗証番号を入力する。カチッと小気味の良い音とともに鍵が開く気配がした。既に赤子の声は途絶えている。無事でいてくれ。祈るような気持ちで蓋を開ける。

しかし、そこには赤子の姿はなく、所々焼け焦げた般若心経が一巻、箱の隅に置かれているだけだった。

それきり、マンションは元の静寂を取り戻したのだという。

アンチコメント

亜美さんには、春樹さんという恋人がいた。

緊急事態宣言下のステイホーム期間でもなるべく共に過ごしたいと二人で新居を借りたものの、同棲生活で恋人関係がマンネリ化してほしくないという気持ちがあった。その結果、二人が新たに始めた趣味が「動画配信」だった。

二人で借りた部屋は新築のデザイナーズマンションで画面映えする。亜美さんも春樹さんも日々のスキンシップを大切にするため、周囲からは「バカップル」と揶揄《やゆ》されることもしばしばあった。自ずと、「仲良しカップルのモーニング／ナイトルーティーン」という日常生活を切り売りする配信内容となった。

『Ａｍｉ×Ｈａｒｕチャンネル』のすべり出しは順調だった。元々写真共有サイトを通じたインターネット上の知り合いも多く、その仲間達が宣伝をしてくれたのだ。所謂「カップル配信者」の中でも、そこそこの視聴者数を稼ぎ出し、同時にアフィリエイトでの収入も入り始めた。

そんなときに現れ始めたのがアンチコメントだった。最初こそ、ただの細かい指摘や揚げ足取りに近かったが、それは段々と悪意を帯びていった。

「Ａｍｉの洋服が三日前と一緒。服までルーティーンかよ」

「Ｈａｒｕの喋り方が陰キャのそれ。友達いなさそう」

「Ａｍｉの料理、マジで茶色ばっかり。栄養バランス偏り過ぎだろ」

「Ｈａｒｕって要領悪すぎない？　会社でもそんな感じなら無能確定だわ」

昔、イラストサイトを運営していた亜美さんは慣れたもので、荒らしコメントについては、まるっきりスルーするか、淡々とアクセスブロックする形で処理をしていた。しかし、殆ど初めてインターネット上に「自分」を公開した春樹さんは、そういった大人の対応をすることができなかった。彼はアンチコメントが書き込まれるたびに、顔を真っ赤にして反論コメントを書くようになったのだ。

それでも最初のうちはチャンネルのリスナー達が守ってくれていた。しかし元々短気で好戦的な春樹さんの性格が露呈し始めると、面白半分で彼の激高を煽る存在も現れた。当初の和やかなルーティーン配信も様相が変わり、いつの間にかアンチコメントに対する反論や嫌味が織り込まれるようになっていった。

アンチコメントの中でも特に熱心だったのが「スワちゃん」という中年男性だった。亜美さんが何度アクセスをブロックしても、新しくアカウントを作り直して絡み続けていた。元々スワちゃんは古参のリスナーの一人で、動画を投稿するたびに一見すると正論のように思える「アドバイス」をコメント欄に書き込んでいた。

だが、アドバイスはいつの間にか難癖になり、それを春樹さんが皮肉たっぷりに動画内で紹介したことから彼がアンチへ転じていった経緯がある。亜美さんも日に日に空気が悪くなる配信内容に辟易《へきえき》し、春樹さんに攻撃を控えるよう伝えるものの、春樹さんとスワちゃんのいがみ合いの日々は続いた。


その日も二人はナイトルーティーンの様子を配信していた。配信が始まると、通知登録をしているリスナー達が集まってくる。亜美さんがコメントを流し読みしていくと、その中には相変わらずスワちゃんが厭味ったらしいコメントをしていた。

「うわ。またあのおっさんかよ、勘弁してくれよ」

すかさず春樹さんがコメントを掬《すく》い上げた。リスナーも二人のプロレスを期待している分、盛り上がる。画面から外れた場所でそれを諫《いさ》める亜美さんを制し、春樹さんは調子よくスワちゃんを煽り始めた。

「おっさん、こんばんは。相変わらず嫉妬全開のコメ、ありがとうございます」

『Ｈａｒｕは変わらず知性も礼節もない話し方。お里が知れる』

「お里が知れるって。今時あんま聞かない言い方っすね。時代は令和ですよ」

最早ルーティーンも何もない罵倒大会になった。頭を抱える亜美さんをよそに、二人の煽りあいは激化していく。

『Ｈａｒｕの実況ゲーム糞つまらん。語彙力なさ過ぎてほぼ豚の鳴き声と一緒だわ』

「幼児向けゲームで無双してる幼稚なおっさんに言われても何も響きません」

『幼稚とは何だ。お前は何なんだ。一体、何様のつもりなんだ』

「あれ。怒っちゃった？　自称『悟り人』が、何で豚の反論にキレてるの？」

亜美さんは思わず、春樹さんの背中を強く叩いた。

「本当にやめて。もう、いい加減にして」

コメント欄は、今度は亜美さんと春樹さんの喧嘩を煽るような書き込みが並ぶ。つい熱くなりすぎたと、カメラに向かって春樹さんが謝罪した、そのときだった。

『お前だけは許さない。お前だけは、絶対に許さない』

スワちゃんからの書き込みだった。その後、非表示のコメントが二件。恐らく、ＮＧワードに触れて運営から削除されてしまったものだろう。いつになくスワちゃんが怒っているのは明白だった。亜美さんは慌てて配信を切り上げる。

ばつの悪そうな表情で謝罪をする春樹さんに、亜美さんは涙ながらに怒りをぶつけた。

「こういうことやめてって、散々言ったのに。何ですぐ喧嘩するの！」

春樹さんは再度謝罪を口にする。意気消沈とした様子で、あの応戦していたときの勢いはない。その捨てられた仔犬のような様子に母性本能が擽《くすぐ》られてしまい、亜美さんは毎回春樹さんを許してしまう。

「もう、良いから。こっち来てよ」

亜美さんが腕を広げると、春樹さんがそこへ飛び込んでくる。腕の中で何度も「ごめん」と呟く春樹さんを撫でながら、惚れた弱みをつくづく噛み締めていたそのときだった。

突然、天井に巨大な中年男性の顔が現れた。脂ぎった皮膚には、所々茶色く吹き出物を潰した痕が見える。散切《ざんぎ》りに切られた髪、指紋がべったりと付着した黒縁の厚い眼鏡、そして明らかに憤怒の表情を浮かべていた。

亜美さんが呆気に取られて天井を眺めていると、中年男性の顔は急に口をぎゅっと窄《すぼ》め、そのまま勢いよく唾を吐き出した。

「冷たっ」

唾は、亜美さんの腕の中にいる春樹さんの頭頂部へと命中した。

「何だよこれ、雨漏り？　何か、ベタベタするんだけど」

手に付いた唾の泡をパジャマで拭うと、春樹さんはバタバタと風呂場へ走り去った。天井の中年男性の顔はいつの間にか消えていた。タオルを所望する春樹さんの声が風呂場から聞こえたが、亜美さんはいつまでも動くことができなかった。

「それから少し経って、春樹と別れることになりました」

亜美さんは困ったように笑った。別れ際は、とんでもない修羅場になったという。

「勿論、春樹からすれば唐突なお別れですから、泣いて縋《すが》られました。私も春樹のことは大好きだったから、別れたくはなかったんです。どうにか元通りになりたかった。でも」

春樹さんが抱き付いてくるたびに、頭頂部から唾液の悪臭が漂ってくるのだという。

「本当に本当に大好きだったのに、あの臭いを嗅ぐたびに醒めちゃって」

そう言う亜美さんの表情は、やけにさっぱりしたものだった。

別れるまでの間に何度かカップルチャンネルに動画を投稿したものの、あの夜以来、スワちゃんがコメントを書き込むことはなかったという。

ノック

栗原さんが引っ越してきた部屋は築浅物件で、有名メーカーが建てたデザイナーズマンションの六階だった。駅からも近くて気に入っていたのだが、唯一気になるのが二十四時間換気の音がうるさいことだ。

部屋の壁に給排気口が取り付けられているものだが、いつも突然、ココココココココンと激しくノックされているような音が響く。どうも風が蓋を激しく揺らしているようだ。寝ているときもそれで度々起こされることがあり、うんざりしていた。

不動産屋に一度来てもらって風圧点検は行ったのだが、異常なしとの調査結果だった。壁を挟んだ外側がサイディングだけということもあり、何か動物が入り込んでいるとも考えにくい。給排気口を軽く掃除して、その日はお終いとなった。

ある日、在宅勤務中にウェブミーティングをしていると、再びノック音が激しくなった。同僚からも、度々「何の音？」と指摘される。音が響くたびに会話が一旦途切れ、栗原さんは会議中、居心地の悪さと恥ずかしさを感じる羽目になった。

いい加減、うんざりした。上司からの勧めもあり、会議を中座してカバーを外すこととなった。カメラを一旦オフにし、ダイニングチェアを給排気口の下に据える。

再び、ココココココココンという、例の音が響きだす。椅子の上に立ち上がろうとした、正にそのとき、パコンという小気味の良い音とともに、カバーが外れた。

落っこちる。そう思った瞬間だった。

壁の穴からニュッと白い腕が出てきた。落ちかけていたカバーを掴み、また壁の穴へと吸い込まれるようにして消えていく。時間にして、三秒にも満たない出来事だった。

呆気に取られて見ていたが、カチンという蓋がしっかり閉まる音で我に返った。仕事も全部放り出して逃げた。

「壁の向こうは普通のサイディングだし、人が隠れられるスペースなんてないんですよね」

引っ越し先を検討中の今現在も、ノックの音は続いている。

夜の訪問者

林さんが子供の頃に過ごした家には、奇妙なルールが幾つかあった。

一つは生き物を家に持ち込まないこと。そして二つ目は、夕方以降のインターホンには出ないことだ。特に二つ目のルールに関してはかなり厳しく徹底していて、相手が明らかに宅配業者である場合でも、決して扉を開けることはない。居留守に苛立った宅配業者が扉の向こうから呼びかけたとしても、それに応えることは絶対に禁止だった。

夕方以降のインターホンへの対応には、もう一つルールがあった。それは、インターホンが鳴ったらブレーカーを落とし、息を潜めて速やかに縁側から外へ出ていくことである。

勿論、居間の鍵は開けっ放しだ。近所を二、三周、時間にして三十分ほどしてから家へと戻ることができる。一度か二度、家の中がひっくり返されたかのように荒れていることがあった。空き巣が入ったのだろう。防犯的にも危険だから止めにしようと何度も何度もルール撤廃を両親に打診してきたが、これが受け入れられることはなかった。

特に、夜のインターホンは、誰が押しているのか分からない場合が多々あった。

インターホンの頻度はまちまちで、月に一度程度のときもあれば、三日四日立て続けに起きることもあった。幼い頃こそ奇妙なルールに唯々諾々と従っていた林さんだったが、年を重ねるごとに段々と反発を覚えるようになった。特に夕飯時、全ての準備が整って、いざ食べようとした瞬間を狙ったようにインターホンが鳴るということが度々あった。温かい食事を目の前にしたところでお預けを食らうのは、食べ盛りの林さんにとって耐え難い苦痛だった。しかしそんな反発すら、頑固な父親の拳骨一つで無理やり外へ連れ出されてしまう。林さんは、常々このルールに対して大きな不満を積もらせていた。

ある日の夕食時のことだった。その日は漁協に勤める親戚から貰った大量の車海老が天ぷらとなって食卓に並び、あとは蕎麦が茹で上がるのを待つだけといった具合だった。当時サッカーのクラブチームに所属していたこともあり、練習後のその日、林さんはいつも以上に腹を空かせた状態で、ダイニングテーブルの回りをグルグルと徘徊していた。

キッチンでは、母と姉が忙《せわ》しなく動いている。三つ下の弟は、食糧庫で面白いものを見つけたのか、林さんのことを呼んでいる。父親は、寝転がって野球のテレビ中継を見ていた。何の変哲もない、いつもの夜の光景だった。

ピンポーン。

チャイムが鳴った。途端、家にいる全員に緊張が走る。

ピンポーン。

再度チャイムが鳴った。

台所にいた母と姉は手をタオルで拭きながら大急ぎで戻ってきた。母は、ジェスチャーで火を消したことを父に伝えると、大慌てで財布をエプロンのポケットへと突っ込む。父は脱衣室にあるブレーカーを落としに行った後、食糧庫から弟の手を引いて戻ってきた。

家族全員が揃った。無言で顔を見合わせると、父が先立って居間のガラス戸を開く。縁石には、あらかじめ全員分のサンダルが用意されている。いつの間にか降りだしたのか、大粒の雨が夜の庭を濡らしている。雨に濡れたサンダルに足を突っ込むと、とてつもない嫌悪感に襲われた。

林さんは心底うんざりした。思春期に突入したこともあって、親の言う通りに動かなくてはならないことに対する反抗心も芽生えていたのだろう。

「ねえ。マジで行かなきゃいけないの？　雨が降っているし、行かなくて良くない？　どうせ、チャイムだって誰が押してるのか分かんないんだしさ」

林さんの提案を両親と姉は黙殺した。弟だけは、当惑した表情で林さんを見遣る。

「あのさ、だってさ、意味分かんねーもん。こんな――」

そこまで言ったところで、足早に近付いてきた父親の拳骨が頭に入った。目の奥で光が明滅する。もう一発。思い切り拳骨を食らい、そのまま首根っこを掴まれて通りへと放り出された。偶然、通りがかった家族連れが、何事かと注目している。

屈辱だった。


「よし、それじゃあ行くぞ」

何事もなかったかのように歩きだす父親の後を、母、姉、弟が無言で付いていく。

だが、いつもなら折れてしまう林さんの反骨精神も、今日ばかりは痛みと屈辱で燃え上がっていた。

歩き始めて五分。先を行く家族と徐々に距離を取った林さんは、サンダルで靴擦れを起こした振りをしてうずくまる。父親はその様子をチラリと見遣った後、特段気にしない様子で曲がり角を曲がった。チャンスだ。サンダルを脱いで、自宅に向かって一気に走りだす。家族が林さんの様子に気付いた様子はない。そのまま一気に加速し、あっという間に家までの道を駆け戻ることができた。

玄関の鍵は閉まっているので、出ていったときと同様に、縁側から侵入する。特段、家の中に変わった様子はなかった。

電気を点けようとしたが、父親がブレーカーを落としていたことに気が付いた。

林さんの身長では指がスイッチに届かない。丁度、見たい番組が始まる時間だった。彼は懐中電灯を手に取り、ダイニングチェアを引き摺りながら廊下へ出て、居間の斜め前の洗面所へと入ろうとした。正にそのときだった。

妙に水っぽい音が、林さんの耳を掠《かす》めた。くちゃくちゃと、まるで何かを咀嚼《そしゃく》するような音だった。真っ暗な廊下の奥。食糧庫から聞こえてくる。

何だろう、何がいるのだろうか。

足音を忍ばせながら、ゆっくりと食糧庫へと近付いていく。出かける前は確かに閉まっていたはずの扉が半開きになっている。そこから、白く乾いた足裏が覗いている。

——誰かがいる。

ぶわっと嫌な汗が噴き出した。呼吸が荒くなる。視点を逸らさぬようにしながらも、少しずつ後退りをしていく。居間へ戻ろう。そして縁側から外へ出よう。しかし。

ガッタン。

廊下にダイニングチェアを出していたことを、すっかり忘れていた。慌てて椅子を押さえたが遅かった。懐中電灯の光の輪に照らし出された食糧庫のドアからは、口の周りをべっとりと赤く濡らした男性が、虚ろな表情を浮かべながら、こちらを覗いていた。

心臓が止まったような感覚だった。男性は林さんの姿を認めると、四つん這いで廊下を近付いてきた。さながら蜘蛛《くも》のような動きだった。

「うわっ、うわっ」

慌てた林さんは、思わず目の前の階段を二階へと駆け上る。

後ろから、明らかに後を追ってくるバタバタバタという音が続く。必死になって部屋に飛び込み戸を閉めた。

ドンドンドンドンドンドン！

激しく戸を叩く音が響く。まだ子供だからという理由で、自室に鍵はなかった。必死になって扉を押さえていたが、既に蝶番《ちょうつがい》の部分が緩み始めていた。遠からず破られる。

背に腹は代えられなかった。ドアを押さえている腕を放し、そのまま一直線に窓へ向かって走りだす。背後から、獣の咆哮《ほうこう》じみた怒声が響いた。体当たりした網戸ごと庭へ飛び出した瞬間、ガサガサした手が林さんの右ふくらはぎに触れた。

凄まじい落下音と同時に、背中に鋭い痛みが走る。薄れゆく意識の中、確かに林さんの部屋から、初老の男性がこちらを見下ろしていた。

目が覚めると、林さんは自身の部屋のベッドで眠っていた。あれは夢だったのかと思ったが、呼吸すら苦しいほどの背中の痛みと外れた雨戸が、あの出来事が現実に起こったのだと生々しく物語っていた。そのとき、バタバタバタと足音が響き、扉が勢いよく開かれた。思わず身構えるも、顔を出したのは弟だった。

「あ。兄ちゃん、起きたの」

弟は部屋に入るなり、矢継ぎ早に昨夜の出来事を語りだした。

両親は林さんがいないことに気付くと、子供達を連れて、慌てて家へと戻ったらしい。

しかし到着と同時に林さんが自室から飛び降りてくるのを目撃して大慌てだったそうだ。

「兄ちゃん、スーパーマンみたいな感じで飛び出してきたのに、空中で煎餅ひっくり返すみたいに回転して、そのまま背中から落っこちたんだぜ」

雨で地面がぬかるんでいたため、大事には至らなかったのが幸いだった。そのまま病院に搬送された林さんは錯乱状態で、ずっと譫言《うわごと》のように「おじさんが、おじさんが」と呟いていたらしい。大した怪我はなく、錯乱状態も空き巣に遭遇したことによるパニック状態だろうとの診断に、両親がそのまま連れ帰ったそうだ。

「空き巣って、何か盗まれていたのか」

自分が遭遇したものは、確かに空き巣などではなかった。そういう確信の元で弟に訊ねたが、弟は難しい顔で黙って首を振る。盗まれたものはないらしい。

「あのね、兄ちゃん。父ちゃんには黙っておいてほしいんだけど——」

そう言って、背中に隠し持っていたビニール袋から取り出したのは、毛の生えたミミズのようなものだった。

「あの日、ネズミが食糧庫にいたんだよ。今日見たら、尻尾しか残ってなかったんだけどね」

兄ちゃん、昨夜、家に何がいたの？

その問いに、林さんは答えることができなかった。

それからも定期的に夜のチャイムは鳴り続けたが、林さんの父親が亡くなってから、その現象はぱたりと収まった。

結局あの日の初老の男性の正体は、一切分からずじまいだという。

訪問販売

通信教材の訪問営業をしている成毛さんから聞いた話だ。

彼女が働いている会社は、子供向けから高齢者向けまでの幅広い生涯学習系の教材を扱っており、顧客の幅は広範囲に亘る。彼女は、普段から住宅街を一戸一戸インターホンを押しながら、自社の商品の売り込みを行っている。主に玄関口でタブレット端末を用いて教材内容を説明しながら契約を促すため、荷物はいつも最小限だ。

成毛さんの会社は訪問販売では定石の歩合制を取り入れているものの、インターホンを押せば一点、話を聞いてもらえれば三点、後日サンプルの投函の同意を貰えれば五点、契約が取れれば十点というように、途中の頑張りも給与に反映させてくれるため、販売員達は絨毯《じゅうたん》爆撃形式で積極的に営業活動を行っていた。

以前は女性一人で訪問活動を行っていた時期もあったが、現在は犯罪抑止や違法な営業を防ぐためにも、二人一組で訪問するのが原則となっている。その日も成毛さんは後輩の男性と二人一組で、担当エリアの新規開拓に勤《いそ》しんでいた。

その家は、住宅街の真ん中に位置していた。

少し古めかしい家だったが、玄関周りも片付いていた上に、敷石の下にも真新しい防草シートが張られていたので、きちんと手入れをしているように感じた。

隅々まで手入れが行き届いている家庭の場合、商品の話さえ聞いてもらえれば、契約に漕ぎ着けるケースが多々ある。というのも、リタイア後で金も暇も余っている可能性が高いからだ。

インターホンを押すと、やや時間が経ってから男性の声で「はい」と応答があった。

思ったよりも若い声だ。成毛さんが自身の名と訪問販売の旨を告げると、思いのほかすんなりと中から男性が出てきた。四十代半ばくらいの男性で、お世辞にも清潔感のある格好とは言えない。

目測を誤ったのだろうか。成毛さんの心配をよそに、早速後輩がアプローチトークを開始する。彼が定型文を話しているのを横目に、成毛さんは素早く男性を観察する。

平日の昼間だが、どうも寝間着から着替えている気配がない。在宅勤務なのだろうか、それとも今日は週休日なのか。いずれにせよ、ぐしゃぐしゃの寝癖や目やにの付いた顔、黄ばんだシャツを気にしている様子もないことから、彼女が狙う顧客像から大きくずれているのは確かなようだ。

これは話をするだけ無駄足になりそうだ。良いところで切り上げてさっさと帰ろう。そんなことを考えていたのも束の間、後輩が「良いんですか！　ありがとうございます！」と頓狂な声を上げた。

どうも話を詳しく聞きたいからと、部屋の中へ上がるよう促されたようだ。後輩は小声で「超ラッキーっすね」と素直に喜んでいたのだが、成毛さんは家と男性との妙にちぐはぐな雰囲気に、何だか落ち着かない気持ちを感じていた。


玄関扉が大きく開け放たれた瞬間、嫌な予感が的中した。

玄関から廊下に掛けて、色あせた段ボール箱が壁のように積み重なり、玄関カウンターの上に乗ったアイヌの木彫り人形の顔には、何故か鼠色に変色した靴下が死刑囚の目隠し袋のように被せられている。床に落ちたコンビニのビニール袋からは七色に光る油が垂れており、何故か廊下の真ん中には、腐った白菜がゴロゴロ転がっていた。

今までも何度か不衛生な家に上がり込んだことはあったものの、所謂《いわゆる》「ゴミ屋敷」の類は初めてだ。

男性がにこやかに「どうぞ」と中へ促す。

仕方なく成毛さんは引き攣《つ》った笑顔を見せ、「お邪魔します」と靴を脱いだ。後輩は後ろで「やっぱり、靴脱ぐんすか」と落胆したような声を上げている。家の中に踏み入れて最初の一歩で何かの汁を踏み、ストッキング越しに嫌な冷たさが這い上がってきた。思わず叫びだしそうになるのを堪え、成毛さんはつま先立ちで奥へ奥へと進んでいった。

招き入れられた居間も、やはり同じ惨状だった。

ゴミ袋が積み重なり、庭が見えるはずの窓を圧迫している。レースのカーテンに邪魔されて、外からこの状態を予測できなかったのは、最早遅すぎる後悔だった。

緩く結ばれたゴミ袋の中からは、ポップコーンの弾けるような音がする。中で蠅が湧いているのだろうか、終始嫌な想像を掻き立てられる。長居したくない。

改めて成毛さんが名刺を取り出して男性に渡した。

男性に家族構成を訊くと、彼は「ずっと独り暮らしだ」と答えた。

一通り説明だけして引き上げようと、主力商品である英語教材の説明を始めると、男性は意外にも食い付いてきた。

「失礼ですが、御職業は何をなさっているんですか」

成毛さんの質問に、男性は照れたように頭を掻いた。

「いやあ、はは、僕は外務省で働いていて、英語は必須なんですよ」

成毛さんが手渡したタブレットに表示されている教材のテーマは、中学英語の振り返りである。しかし男性は「なかなかハイレベルな話ですね」と興味深そうに教材を眺めていた。


話が契約に差し掛かったときのことだった。

突然、ゴトンと、二階から何か物音がした。成毛さんと後輩が天井を見上げると、男性は「いやあ、はは、猫が飛び降りたんです」と微笑んだ。しかしその十秒後、今度は二階を走り回るようなドタドタドタドタという猛烈な足音が響き始めた。それと同時に、床をドンドンドンと拳で叩くような音も聞こえ始める。

「どなたかいらっしゃるんですか」

成毛さんが訊ねると、

「いやあ、はは、あの、両親が二階に住んでいるんです」

男性は照れたように答えた。

「あれ、お独り暮らしじゃないんですか？」

「いや、一人のはずなんですが、すみません、うるさくって」

歯切れが悪い。

「あの、すみません、ちょっと見てきますんで」

男性はゆっくりと立ち上がり、ふらふらと廊下のほうへと消えていった。

「何なんですかね、この家」

後輩が苦笑いで呟いたその瞬間、男性の怒鳴り声が響いた。

「お前ら、うるせーんだよ！　静かにしろよ、ホントさ！　さっさと死ねよ、おい！」

続いて、バシッ、ギャアッ、という殴打音と、小さな女性の悲鳴のようなものが聞こえた。思わず息を呑む。成毛さん達が顔を見合わせていると、何事もなかったかのように、廊下の向こうから男性が顔を見せた。

「すみませんね、へへ」

照れたような男性の笑顔につられて、成毛さん達も笑い顔を返す。先ほどまでの怒鳴り声の主だとは到底思えない。

「ちょっと、喉渇きましたよね。お茶淹《い》れてきますね」

再び姿を消そうとする男性に、成毛さんの後輩が慌てて呼び止める。

「あ。すみません、僕、ちょっとお手洗い借りていいですか？」

「ああ、そこの突き当たりのところを右ですよ」

そう言い残すと、男性は恐らく台所だったであろうゴミの山の中に消えていった。

「先輩、俺、ちょっと気になるんで一瞬だけ様子見てきます」

後輩はそう耳打ちすると、成毛さんの制止も聞かず廊下へと出ていってしまった。結局、ゴミだらけの居間には、成毛さんだけが取り残された。

改めて部屋を見回すと、ゴミがない場所が見当たらない。満遍なくゴミが放置されており、強い腐臭も感じられる。男性に渡された座布団も、何だかゴツゴツして座りづらい。

帰りたい。もうすぐにでも帰りたい。不快感と心細さで、成毛さんは涙が出そうだった。

ドンドンドンと、また天井から床を叩く音が再開した。その直後に、ドタドタドタドタと、大人二人が追いかけっこでもするかのような音と振動が響き始めた。先ほどから、座布団の固い部分が脛《すね》に当たり痺れてきている。何か、座布団の中に入っているようだ。

男性が戻ってこないことを確認し、素早く座布団から降りてカバーを開けた。

中には滅茶苦茶に詰め込まれた綿と新聞紙、それに黒い木枠の額縁が入っていた。

思わず小さな悲鳴が漏れた。この額縁はどう見ても遺影に使う――。

引っ張り出してみると、やはり七十代くらいの女性のバストアップの写真だった。慌てて後輩が座っていた座布団も開ける。そちらには初老の男性の遺影が入っている。恐らく同時期に作られたものだろう。

もう限界だった。これ以上ここにはいたくない。

大急ぎで荷物をまとめ、台所にいる男性に声を掛ける。

「すみません。あの、そろそろお暇致しますので」

しかし、返事がない。

代わりに廊下から顔を出したのは、後輩だった。死人のように青い顔をしている。

「先輩、先輩」

「先輩、あの、二階なんですけど」

男性に聞こえないようにと、小声で話しかけてくる。

もう息も絶え絶えといった調子だ。

「その、階段がベニヤで完全に塞がれてて、トイレに行ったら、あの、遺骨が――」

そう言いかけた瞬間、今度はドーン、バリバリバリ、と、何かが破壊されるような音が響いた。思わず飛び上がった成毛さん達のほうへ、男性がゴミの山の向こうから困ったような笑顔を浮かべて近付いてくる。

「すみません、すみません。うちの両親が」

成毛さん達の前をすり抜け、廊下のほうへ踊り出ると、

「うるせえ、うるせえ、うるせえ！　また死にたいのか、てめぇら、この」

家中を震わすような男性の怒声と、小さな悲鳴が聞こえてきた。

今のうちにと、成毛さん達は縺《もつ》れ合うようにして荷物を抱え、外へと逃げ出した。

正味、三十分もいなかったはずなのに、身体は生ゴミの臭いで酷い状態だ。本社には状況と着替えてから向かう旨を伝え、二人で駅前の衣類品量販店で服を買い、着ていた服は全てごみ箱へと捨てた。ボーナスで購入した高価なスーツだったが、惜しいとは思わなかった。

結局、成毛さんが自宅へ戻れたのは午後八時を過ぎた頃だった。

帰宅した瞬間、ベッドへと身を投げ出す。とんでもない一日だった。着替えが終わった後、後輩と事務所へ戻ったものの、自身に何が起こったのかを上手に説明することはできなかった。しかしその憔悴《しょうすい》しきった様子と微かに漂う生ゴミ臭が、只事ではない出来事を如実に語っていた。

兎に角、休みたい。ぐったりとベッドに身を預け、もう少しで眠りに落ちると思った瞬間、インターホンが鳴った。宅配便だろうか。身体を持ち上げる元気は残っていない。

インターホンの音とともに、ドンドンドンドンとドアを叩く音が響く。

うるさい。うるさい。うるさい。

布団をかぶって無視を決め込む。すると、今度は社用の携帯電話が鳴り始めた。ディスプレイに表示されているのは知らない番号である。

「はい」

「あの、はは、えと、昼間来ていただいた佐原なんですけど」

思わず、悲鳴を上げそうになった。べったり甘えたような声音、あの男性からだ。そういえば初めて名前を聞いた。

「お名刺頂いたんで、電話したんですけど」

身体の震えが止まらない。玄関では、まだインターホンが鳴っている。

「どういった御用件でしょうか」

「あの、うちの両親、行っていませんか?」


ベッドで気絶している間に、通話はいつの間にか切れていた。しかし玄関に残った生ゴミの臭いは、三カ月経っても消えることがなかった。

閉めておいてね

三年前、福島さんの祖父が亡くなった。享年、九十四歳。百歳間近だったとはいえ、十分長生きしたと、余り悲壮感のない雰囲気だったという。

福島さん自身は、勿論身内を失った悲しさはあったものの、それ以上に母親の壮絶な介護の苦労を知っていたため、むしろ「解放された」という気持ちのほうが強かった。そのためそこまで気落ちすることもせず、かかりつけ医が遺体の状態を検分している間も、事務的に親族への連絡係を受け持っていた。


葬儀社との兼ね合いで、通夜は翌晩ということになった。

生前の祖父の要望もあり、通夜も葬儀も自宅で執り行う。湯灌《ゆかん》や納棺も通夜の直前ということで、福島さんの祖父は、自身が使っていた部屋に一晩安置されることとなった。

とても可愛がってくれた祖父。

通夜や葬儀の準備が落ち着くと、福島さんにも急に悲しみや切なさが込み上げてきた。

明日になれば祖父の遺体は納棺され、ずっと遠い存在になってしまう。できれば見られるうちに祖父の顔を見ておこう。

福島さんが遺体の安置されている部屋にこっそり入ろうとしたとき、通りがかった母親に呼び止められた。

「ねえ、あんた。見るのは良いけど、引き戸はきちんと閉めるのよ」

口うるさい母によって、祖父への思いに水を差されたような気がして、福島さんは半ばふてくされた様子で「あー、はいはい」と生返事をした。

しかし、母親は思いのほか強い力で彼女の肩を掴み、再度念を押すような調子で続けた。

「ちゃんと聞きなさい。あんた、絶対に絶対に閉めなさいよ。変なのが入るんだから」

怖い顔でそう警告する母親の様子に、気を削がれた。

「分かった、分かった。もういいよ」

福島さんはそう母親に告げると、早々に部屋へ引っ込んだ。

変なのって、何よ。虫でも入るっていうのかしら。

そのときは、神経質な母親への苛立ちだけが頭に残っていたという。

その日の晩。通夜の準備の忙しさも終わり、福島さんはいつの間にか自室の机でうとうとと寝落ちしてしまった。時計を見ると、深夜の一時を回っているようだ。

ぼんやりとした頭の中で、そういえば今日は飼い猫の姿を見ていないことに気付いた。どこにいってしまったのだろう。探しに廊下に出てみると、飼い猫は祖父が安置されている部屋の扉に寄り添うようにして寝ていた。

祖父は生前、猫を我が子以上に可愛がっていた。そのことを思い出すと、何だか突然切なさが押し寄せてしまって、せめて猫には最後のお別れをさせてあげようと思い立った。引き戸をほんの少し開けると、猫は滑り込むように部屋に入っていった。

猫が遺体に悪戯をするだろうか。

そんな懸念を抱いたものの、自身が十分ほどしたら様子を見に行けば良いと、引き戸を開けたまま自室へと戻ってきた。そして案の定、彼女はそのまま猫のことを忘れ去ってしまった。

眠気がやけに覚めてしまった福島さんは、ベッドに寝転がりながらスマートフォンを弄っていた。ぼんやりと携帯画面を眺めていたところ、急に彼女の部屋の扉がカリカリカリカリと鳴りだした。飛び上がらんばかりに驚いて扉を開いたところ、そこには猫の姿があった。そこで漸く、開けっ放しの引き戸と母の念押しを思い出した。

時計を見るともう午前三時だ。口うるさい母親が起きてきて、引き戸が開いている様子を見たら何を言い出すか分からない。福島さんは大慌てで引き戸を閉めに廊下へ出た。祖父の部屋の引き戸は、変わらずに猫一匹分の隙間が空いていた。母親が気付いて閉めた様子はない。

助かった。

胸を撫で下ろして、引き戸に手を掛けて開き、室内に入る。

廊下の灯りを頼りに確認したが、猫が悪戯した様子もなさそうだ。白い布が掛けられている祖父の姿を眺める。しかし、視線をずらした瞬間、全身が大きく跳ねた。祖父の遺体の横に、黒い影が座り込んでいた。

母親だろうか。恐る恐る「お母さん？」と声を掛ける。すると、その影が顔を上げた。

違う。母親ではない。でも、どこか見覚えがある顔だ。

「知らない誰かがいる」という恐怖心が麻痺していた。それよりも、この女性は誰だったろうかという疑問のほうが大きかった。

ああ、そうか。

彼女は思い出した。生まれる十年以上前に亡くなっている祖母だ。福島さん自身は会ったことはなかったが、その顔は遺影で見た祖母と寸分違わぬ顔だった。

しかし、強烈な違和感が突き抜けた。まず、身体が大きい。大柄な成人男性くらいの体躯に、小さな顔が張り付けられたアンバランスさ。まるで仮面をかぶっているかのように、遺影をくり抜いたそのままの顔が張り付いている。

再び声を掛けようと思った瞬間、その影の首だけがニュッと伸びた。まるで餅が伸びるかのように、「祖母の笑顔」が福島さんへ近付いてくる。

思わず後退り、引き戸を閉じた。

心臓が割れんばかりに鼓動する。扉一枚隔てて、「何か」がいる。

確かめたい。しかし、恐怖心のほうが勝った。そのまま部屋に戻った福島さんは、猫を掻き抱いて、無理やり目を閉じた。

結局、翌日になって母親が引き戸を開けるまで、祖父が安置されている部屋に近付くことができなかった。

通夜の準備で業者が出入りしているタイミングを狙って、それとなく中を覗いてみたものの、特段変わった様子は見られなかった。通夜も、つつがなく終了した。

しかし――。

その日から、福島さんは祖父の顔を全く思い出せなくなってしまった。顔を思い出そうとしても、顔面にぽっかり黒い穴が開いてしまう。写真を見直してみると祖父の顔だと認識できるのだが、何だかそれも空々しいような作り物のような気がしてしまって、結局現在も祖父の顔は曖昧なままだ。

一周忌のとき、菩提寺に行く道中のタクシーで、母親と、祖父の思い出話をした。そのときも、何だか他人の思い出を語っているような気がして話が弾まなかった。

タクシーを降りる。先に降りて傘を差す福島さんに、母親が憎々しげに呟く。

「あんた、約束破ったでしょ」

福島さんは何も言えなかった。

ポスター

真砂さんは某男性アイドルグループ「A」の熱狂的なファンである。Aがデビューした年から足掛け二十年、ずっと「オタ活」中心の生活を続けてきた。

彼女の生活はAに始まりAに終わるといった感じで、兎に角一日中Aばかりを追い続けている。出演するテレビ番組は勿論、最近ではコマーシャルも余さず録画している。そのためテレビのHDDは常に満杯。日々の電気代だけでも相当なものだ。

勿論、テレビ番組だけが全てではない。ライブがあればチケット戦争を勝ち抜くために何枠もあるファンクラブ名義を駆使して応募する上、当選すればどんな用事もかなぐり捨てて参戦する。販売されているライブグッズは全て購入するし、必要ならばスポンサー企業のアメニティグッズを目当てに株券だって手を出す。

とうとう自室だけではグッズスペースが足りなくなり、実家の庭に大きな物置小屋を置いてしまったほどだ。そこで定期的にAのファン同士で集まっては、朝までDVDの上映会をすることもあった。

勿論、それを快く思っていない人もいる。同居する家族、特に真砂さんの父親がその筆頭だった。元々折り合いが悪かったことに加え、大した金も入れずに夜遅くまで騒いでいる未婚の娘という存在は、昔気質《かたぎ》の父親からすれば随分目に余る存在だったのだろう。一方で真砂さん自身も、四十を超えている娘に対して口うるさく干渉してくる父親の存在にうんざりしていた上、デリカシーのない物言いにカチンと来ることも多かった。

不仲な父と娘を繋ぐ存在が、真砂さんの母親だった。気難しい性格の夫と自由気ままに生活する娘との間を上手く取り持ち、穏やかに家庭を回している。彼女は生来、ネガティブな感情をどこかに忘れてきてしまったような性格で、真砂さんが幼い頃から今まで、母親が怒っている姿など見たことがなかったという。

水と油の父娘ではあるがどこか性格的には似ているところがあり、家事の一切が苦手だった。脱ぎ散らかされている服を黙々と拾い、三食分の食事を用意してくれる母の存在がなければ、真砂さんはとっくの昔に家を出ていただろう。機嫌を損ねるたびに「この家から出ていけ」と怒鳴り散らす父親を毎回宥めすかしてくれるのが母親だった。

ただ、そんな日常も父親の入院を機に一変した。初期の咽頭癌と診断された父親だったが、すっかり気落ちしてしまったのか、退院後は真砂さんに突っかかることもなくなってしまった。最初こそ弱りきった父親の姿に胸を痛めていた真砂さんだったが、徐々に元の調子を取り戻し始めた。誰にも文句を言われない環境が手に入り、ますます趣味にのめり込んでいく。すれ違っても顔を背けるだけの父、黙って身の回りの世話をしてくれる母。どこかで「このままではいけない」と思いつつも、居心地の良い環境から抜け出すことができなかったという。

ある夏の日の夜のことだった。その日も真砂さんはインターネットで知り合った同世代の友人達と、Aの新曲について熱く語り合っていた。時刻は午前二時を過ぎたところだ。ついつい話が盛り上がり、話しすぎてしまった。深夜に大声を上げても文句を言われないところが、田舎の実家暮らしの良い点だ。そんなことを考えながらヘッドホンを外す。

さて、そろそろ寝ようか。

そう思ってベッドのほうへ振り向くと、何か強烈な違和感を覚えた。

何だろう。

子供の頃から変わっていないシングルベッド。壁一面にはAのメンバーのポスターが隙間なく飾られている。だがその中の一枚が、いつもと違っていることを彼女は理解した。

センターを陣取るアイドルの顔が、老婆の顔になっていた。柔らかな金髪に煌《きら》びやかな衣装はそのまま。ただ顔が母の顔になっていた。

ポスターの母の顔が喋っている。動いている。

「うるせぇんだよ、毎晩毎晩。さっさと死ねよ、ブス」

こちらを睨みながら、低い嗄《しゃが》れ声で延々と呪詛を吐き続けている。

「何でお前みたいな奴の面倒見なきゃいけねぇんだよ。早く死んでくれ」

「お前の猿みたいなキャーキャー声聞いていると、殺したくなるんだ」

四十年間で初めて見る表情、初めて聞く声だった。真砂さんの視界がスーッと暗転した。


目覚めると、ベッドの中だった。時刻は午前十時を少し回ったところだった。

昨晩のあれは、夢だったのだろうか。

そう思って起き上がった時に、視界の端で何かが動いた。弾かれたようにそちらを振り返ると、自室の扉に身体をもたれかからせた母が、笑みを浮かべて立っていた。

「あら、おはよう。もう起きたのね」

いつからそこにいたのか。何故そこにいるのか。

昨晩のあれは、何だったのか。訊きたいことは山ほどある。しかし——。

「お母さん。あの。あたし、うるさかった?」

真砂さんがそう問いかけると、

「いいえ。気にしていないわよ」

母はいつもと変わらぬ調子でそう答えた。

それ以来、真砂さんは長年続けてきたAのファンを辞めてしまった。メンバーの顔を見るたびに、あの母の形相と呪詛の言葉が重なり、のめり込めなくなってしまったからだ。

目下、彼女は独り暮らしを目標に貯金中だ。

もういいかい

ちはるさんの家は両親が働きに出ていたので、学校から帰るといつも独りぼっちだった。

ただ、一人でいることに抵抗はなかった。昔からそうだったからだ。

学校の宿題もやらなきゃいけないし、本を読んだりゲームをしたりして過ごせば退屈しなかった。

……ぃーち。

最初は小さな違和感だった。

にぃーい。

この声は何を数えているのだろう。

いつも通りの夕刻。まだ両親は帰ってこない。

ゆっくりと数字を数える声は、最初は囁くような小さなものだった。

さぁーん。

まだ幼い子供の声が、数を数えている。

ここまで来て、ちはるさんは、これはかくれんぼで鬼役が十まで数えるときの声だと直感した。しかし、果たして近所にそんな歳の子はいただろうか。

よぉーん。

だが、それよりも気になることがある。

ごぉーお。

明らかに声が近くなっている。今はもう家の中から聞こえてきているように思えた。

ヘッドホンを外して、手に持ったゲーム機を机に置く。

「お母さん？」

話しかけてキョロキョロと周囲を見回しても、自分以外いるはずもない。

ろぉーく。

クローゼットを開けたり、ベッドの下を覗き込んで声の出元を探しても、誰もいない。

しぃーち。

最初は高い声だったが、少しずつ声質も変わってきている。明らかに大人の男の声だ。

はぁーち。

声はますます大きくなり、もう部屋の中で誰かが声を上げているとしか思えない。全身から嫌な汗が滴る。

きゅーう。

ちはるさんは部屋を出ようと、家の鍵の付いた財布と、連絡用に持たされているスマホを掴んで玄関に走った。

最後まで数えられたら、どうなるか分からないと思ったからだ。

じゅーう。

声は自分の後を追いかけてきた。耳元で大きな声を出されている。

「もぉーお、いーい、かぁーい」

野太い声。答えずにいると、声は繰り返した。

「もぉーお、いーい、かぁーい！」

それを無視して靴を履く。ドアを開けて外に出る。

「もぉーお、いーい、かぁーい！」

焦れたような声が背中で繰り返した。後ろ手でドアを閉める。鍵も掛けた。

「……まーだだよ」

やっとのことでちはるさんは、そう呟いた。

玄関先から動けなかった。母親が帰ってきて驚いた顔をしたが、そんな怖いことがあったのだと訴えても、気のせいだろうと言われた。

それから〈もういいかい〉が起きるたびに両親に訴えたが、二人は娘のことを疑うような発言で返すだけだった。それが原因で、両親との仲は険悪になった。次第に友達の家を泊まり歩くようになり、親しくなった年上の男の部屋に転がり込んだ。

その頃には学校にも通わなくなっていた。


ある日、二人でベッドに入っているときに〈もういいかい〉が起きた。

彼女は彼氏に何も説明もせずに部屋を飛び出した。怖かったからだ。

だが、あれだけ自分を愛していると繰り返した年上の男は、彼女の行動に酷く機嫌を損ねて、それ以降二人の関係はギクシャクしてしまった。

結局最後は何度も殴られて捨てられた。それっきりだった。


彼女は今もなるべく自分の部屋には帰らない。でも一人でもいたくないという。

だから、知り合ったちょっと優しそうな男の元を転々とする日々だ。

この三年で子供も二度堕《お》ろした。希望などない。今両親がどうしているかも知らない。

そろそろあの声には、〈もういいよ〉と答えようと思っている。そう答えてどうなるかなんて知ったことではない。

ロッキングチェア

清水さんが小学生の頃の話である。

彼女は親類のお姉さんから、弟と一緒に家に遊びにおいでと誘われた。そのお姉さんは親戚といっても滅多に会うこともなく、そう親しい訳でもない関係だ。実際、清水さんも法事のついでに顔を合わせただけと思っていた。

血縁としては従姉妹に当たるらしい。父には兄弟が多く、歳の離れた伯父の一人娘がお姉さんだという説明を受けた。

殆ど初対面にもかかわらず、どこが気に入ったのか、お姉さんのほうから法事の間に何度も声を掛けられた。泊まりでもいいから遊びにおいでよという誘いに、清水さんと弟の陽平君は迷っていたが、祖母からの勧めで一度遊びに行くことになった。

伯父の家は立派で、敷地も広く、マンション暮らしの自分達とは暮らしぶりも違うようだ。親戚にこんな広い敷地の家を持っている者がいるとは知らなかった。

「正面の門から入るより、庭からのほうが家に近いよ」

お姉さんが弟の手を引きながら説明してくれた。庭には裏門があり、そこから入ると芝の植えられた庭が広がっていた。

その庭を横切って屋敷に辿り着く。

屋敷というか邸宅というか、兎に角時代がかってはいるが、何人で住むのかと思うような大きな家だった。

しかし、お姉さんの説明では、伯父夫婦と長女のお姉さんだけが暮らしているらしい。

きっと使われていない部屋もたくさんあるのだろう。

「うちは、いつも庭から出入りしてるんだよね。門から玄関までだと時間が掛かって仕方ないからさ。ちょっと行ってくるね。そこで待ってて」

濡れ縁で靴を脱いで、掃き出し窓から居間に入ると、お姉さんは両親に知らせてくると先に走りだしてしまった。

困った清水さんが弟と二人でどうしようかと考えていると、居間の隅にあるロッキングチェアに、老人が座っていることに気付いた。

「こ、こんにちは。初めまして」

戸惑いながら声を掛ける。

ロッキングチェアに座っているのは、小柄なお爺さんに見えた。

——伯父さん？　じゃないよね。

誰だろう。親族には違いないのだろうが、この家には三人しか住んでいないと言われているので、一体誰なのか分からない。

居間の隅は暗がりになっており、お爺さんがこちらを向いているかどうかもはっきりとは見えない。

——物陰だからって、昼間なのに、こんなに暗いことってあるかしら。

「二人とも、よく来たね」

弱々しい、しゃがれた声が聞こえた。

「こんにちは。ほら、あんたも挨拶しなさい」

礼儀は大事だ。

そっぽを向いている弟に挨拶をさせようとしたが、頭を下げるのすら嫌なようで、こちらを睨んでくる。

何でこんなことで腹を立てないといけないのか。

喧嘩になりかけたところで、お姉さんが戻ってきた。

「遅くなってごめんね。こっちでお菓子とお茶を用意してるから、一緒に行きましょう」

呼ばれた声に従って、清水さんと弟は居間から出た。

振り返ってお爺さんの方向に頭を下げる。

お姉さんが先導して廊下を歩き、三つ目くらいの部屋に案内された。所謂応接間というものだろう。ソファが並んでおり、そこに人の良さそうなおじさんとおばさんがニコニコと笑いながら待っていた。この二人が伯父と伯母だ。

伯父は流石、父親の兄だけあって、一目見て血が繋がっていると分かるほどだった。そういえば、二人には数年前に法事で会った覚えがあった。

「よく来たね。元気そうで何よりだよ」

そう声を掛けてくれたが、記憶よりも大分痩せているし、声も細い。

伯母が苦笑しながら続けた。

「この人、身体を壊しちゃってねぇ。もしかしたら昔の印象と違っていて、思い出せないかもしれないわね」

「いやいや、せっかく来てくれたんだ。そんな話はどうだって良いだろう。さ、おやつも用意したからたくさん食べなさい」

そう声を掛けてもらい、暫くの間は家族の話などをして過ごしていた。

途中で気になっていたことについて訊ねた。

「あの。先ほどの庭に面しているお部屋にいらっしゃったお爺さんに、ちゃんと挨拶できていなくて——」

「え、お爺さんって？」

伯父伯母だけでなく、お姉さんも驚いた顔を見せた。

「——いねぇよ、そんなの」

弟が不機嫌な顔で呟いた。その言葉に苛ついた清水さんは、弟に顔を向けて反論した。

「座ってたじゃない！　ロッキングチェアに！」

「やっぱり！」

意外なところから声がしたので、そちらに視線を向ける。ドアのところにジュースのおかわりをお盆に乗せて立っているお手伝いさんが青い顔をしていた。

「あれからおかしいって、何度も言ったじゃないですか」

お手伝いさんが訴えるような口調で言った。

「そういえば、貴方が身体を壊したのもあれからよね」

伯母もお手伝いさんの言葉に同調する。

伯父はソファから立ち上がり、無言のまま部屋を出ていった。

お手伝いさんは〈しまった〉という顔をしたが、伯母は無言のまま遠い目をして、何か心当たりを思い出そうとしている様子だった。

お姉さんが向き直って、説明をしてくれる。

「さっき、庭からのほうが近いって説明したけど、本当の話をすると、昔はみんな玄関から出入りしていたの。でもこの一年くらい、ずっと玄関が嫌な感じがしてて、みんな庭側から出入りするようになっていたの」

お姉さんが厳しい顔つきになった。

「それと、この一週間くらいかな。あの部屋も嫌な感じがしてたの。でもこれは私だけかもしれないけど——」

だが、先ほど見かけたものが、ただの気のせいとも思えなかった。

清水さんが戸惑いながらそう話すと、お姉さんもソファから立ち上がり、ドアの横で手招きをした。

「ちょっといらっしゃい」

再び居間に向かう。天井の灯りが点けられた。

蛍光灯でまぶしいほどに明るく照らされた部屋の隅には、先ほどのロッキングチェアがあったが、そこにはひと抱えほどもある熊のぬいぐるみが座っていた。

とてもではないが、お爺さんには見えない。

「私が見間違えちゃって、変なこと言っちゃったんですね。すみません」

「熊のぬいぐるみに挨拶しろとか、お前も馬鹿言うなよな」

弟が喧嘩腰で揶揄してくる。頭に血が上りそうになったが、ここで言い争いをしても迷惑だ。

お姉さんは真剣な顔をしたまま、応接間に戻りながら話してくれた。

「私も見たことあるのよ。多分同じお爺さん。お手伝いさんも見てるの。変なことが結構続いているのよ――」

応接間に戻ると、先ほど席を立った伯父が、テーブルで犬のぬいぐるみを解体しているところだった。

ぬいぐるみの腹に鋏《はさみ》を入れて、中から綿を出していくと、そこから幾つもの木の札やら何かが書かれている紙がボロボロ出てきた。

どれも素手で触りたくないような、やたらと黒い印象のものだった。

お手伝いさんが悲鳴を上げた。

ぬいぐるみから出てきたものを見て、伯父も伯母も難しい顔のまま無言になってしまった。

二人は、ドアの横に立っている娘と清水さん姉弟に気付いたようで、硬い笑顔を見せた。

「ごめんな。ちょっと今日は色々あって。遅くならないうちに、もう帰りなさい」

伯父が言う。

言われるまでもない。

お菓子やケーキをお土産に持たされ、そのまま帰路に就くことになった。

帰り道、駅まで送ってくれたお姉さんが話してくれたのは、あの犬のぬいぐるみは玄関に飾ってあったもので、おじさんの部下から贈られたものだという。

それを飾り始めてから、玄関が薄暗く感じるようになり、間もなく家への出入りを庭からするようになったそうだ。

他にも毎日のように家の中に何者かの気配がするし、足音や声も聞こえているという。

「あれ、見たでしょう」

お姉さんはそう訊ねた。

先ほどのぬいぐるみの中に入っていたもののことだろう。

あれらが良くないものだ、というのは、見ただけでも伝わってきた。

思えば、お姉さんは勘の鋭い弟を呼んで、何かを調べたかったのかもしれない。

その後、伯父の家は、会社自体が傾いたり、伯母に内臓系の病気が発覚したりと、散々な目に遭ったらしい。

伯父も本格的に体調を崩して療養のために田舎に引っ込んだという。もう今はお姉さんとも連絡が取れない。

あのぬいぐるみには、呪いか何かが掛けられていたのだろう。

そして、あの家にあった呪いの品は、恐らく犬のぬいぐるみだけではなかったに違いない。

帰り際、庭へ出るときにロッキングチェアの暗がりから声を掛けられたからだ。

「まだいるよ。またおいで」

その声に、背筋に鳥肌の立った清水さんは何も言い返せなかった。ただ、弟だけが小声で「二度と来るか」と返事をして庭に出たのを覚えている。

赤い記憶

「小さい頃なんで、最初はずっと夢だって思っていたんですよ」

山中さんは快活そうな女子大生だ。彼女は信じてもらえるかどうか分かりませんがと前置きをした。

「保育園の年長から小学一年生くらいの間だと思うんですが、自宅で化け物に追っかけられてたんです」

化け物の背丈は父親のそれよりも高い。だから、何となく男だろうという気はしている。人の形をしているのだが、服を着ているかどうかまではよく覚えていない。ただその化け物は全身が真っ赤なのだ。

それは、いつの間にか家に上がり込んでいる。

どこから入ってくるのか分からないが、いつの間にか現れる。あるときは、ドアの影からこちらを見ている。またあるときには、音もなくキッチンに立っている。ベランダにいることもあった。

山中さんが化け物に気が付くと、相手が動きだす。

気が付いていない振りは通じない。こちらが気付くと、それが合図になっているようで、自動的に相手も気が付くらしい。

恐怖の余り母親を呼ぼうと声を上げるが、その声は誰にも伝わらない。そもそも、家にいるはずの母親を探し回っても、何故かどこにもいない。

誰にも頼れない。逃げる以外の選択肢がない。

そして逃げる山中さんのことを、真っ赤な化け物は執拗《しつよう》に追いかけてくる。速度はゆっくりだ。スローモーションのような動きだが、着実に近付いてくる。基本的には、床を最短距離で歩いてくるのだが、ドアの鍵を掛けて閉じこもろうとすると、ドアをすり抜けてくる。

ずるい。

何度もそう思ったし、口にも出したが、相手にそう訴えても聞く耳は持っていないようだった。逃げても遅かれ早かれ捕まってしまう。すると化け物は、首を絞めてくる。

苦しい。痛い。

だが、泣き声を上げても誰も助けてくれない。

目の前が真っ赤になって意識が遠くなる。そのとき、化け物の頭部が自分の耳に近付いてきて、何かを囁《ささや》く。だが、その声が何を言っているのかよく分からない。

少なくとも日本語ではない。

よしんば日本語だったとしても、それは理解してはいけない言葉に違いない。

山中さんは、首を絞められ、耳元で囁かれる言葉らしきものを聞きながら意識を失う。

そんな経験が十回以上あった。もしかしたら、二十回近いかもしれない。


「ついさっきまで夕飯を作っていた母親が、キッチンから消える理由とか、本当に全然分からないんですよ」

だから、夢だと思っていた。

中学生のとき、母親に、子供の頃にこんな怖い夢を見ていたのだと伝えたことがある。

すると母親は暫く黙り、覚悟を決めた顔で「それは夢じゃない」と言った。

詳しく訊くと、母親が目を離している隙に、山中さんの首には青紫色の手で絞めた痕が残っているのを確認しているという。

ほんの数分目を離しただけなのに、一体何が起きたのか。母親も戸惑っていた。

父親は、母親が子供の首を絞めているのではないかと疑ったらしいが、彼女の手の大きさと、残っている痕のサイズが合わない。

家の中に監視カメラを設置して、録画をしたりもしたらしい。その結果、暫く怯えたようにうろつき回って、急にもがき苦しむ我が子が映っていた。

その間、娘は無言である。無言のまま逃げ回って、声も出さずにもがいて、そのまま意識を失う。

これは何か異常なことが起きていると、両親は酷く心配したらしい。ただ、何故か中山さんに何が起きたのかを訊くことはしなかった。

それも理由が分からない。

「そうよね、本人に訊けば良かったのよね――」

何で気付かなかったのだろうと、母親は黙ってしまった。きっと彼女なりにショックだったのだろう。

気付かなかったのではなく、気付かないようにされていたのだろうと、中山さんは母親に伝えた。母親はぽろぽろと涙を流した。

両親はできるだけ週末は家族で自宅にいないようにしようと、色々方々に出かけたりもしたという。これは山中さんにも記憶がある。

自分の家は、クラスメイトの家と違ってやたらと旅行に行く家だと認識していたが、それが自分の命を慮《おもんぱか》ってのことだとは思ってもみなかった。

両親に話を訊くと、お祓いにも行ったし、親戚の伝手を辿って知り合った祈祷《きとう》師を家に呼んでみたりもしたが、全く効果がなかったらしい。

ただ、山中さんが小学校一年生の秋に、赤い怪物に襲われることはなくなった。

「理由は全然分からないの。突然始まって、突然終わったから」

両親も同じように証言しているという。

「ただの夢ならよかったんですけど、これって何なんですかね――」

山中さんは、年に一度くらいの頻度で、まだそのときの夢を見るという。

ただ、首を絞められるようなことはない。だから、これは本当の夢なのだろう。

夢の中に現れた赤い化け物は耳元で何か言うが、内容はいまだに理解できないままだ。

そして、彼女はその言葉が理解できなくて良かったと思っている。

夕方のおやつ

高校生の頃、バレー部に所属していた野田さんにとって、最大の敵は空腹だった。

毎日ハードな筋肉トレーニングに始まり、学校の周りのランニング、サーブやスパイク練習に加え、メンバー同士の模擬試合と続く。練習が終わる頃には、昼に摂取したカロリーは全て消化しきっている。だからこそ、帰宅したときはまず、母親が用意してくれているおやつを食べて食への渇望を満たしていた。

「元々濃い味好きのオカズっ食いだから、そのまま夕飯に向かうとその日の料理を空っぽにしてしまうんです。だから、夕食前におにぎりやパン、芋なんかを食べてから夕食にありつくようにしていました」

その日も部活動から帰宅すると、母はいつもと変わらない様子で台所に立って夕飯を作っていた。

「遅かったね。手を洗ってうがいして、テーブルの上に[redacted]があるから食べなさい」

簾の向こうで母の声がした。肝腎の部分が聞き取れなかったが、言われるがままに、手を洗って戻ってきた。

テーブルの上には、クワイを大きくして、水疱瘡《みずぼうそう》に罹患させたような果物が置いてある。

「お母さん、これ何。どうやって食べるの」

「だから、[redacted]って言っているじゃない。そのまま齧るの」

またしても、肝腎な部分が聞こえない。どうも、パグゥだとかピブゥだとか、名称というよりは単なる破裂音のように思えた。仕方なくフォークで刺すと、焦げ茶色の液体がぬらぬらと零れ落ちていく。まるで土の中から出てきたホヤみたいだと、野田さんはげんなりした。

ひとまず、前歯で齧ってみる。噛み切れない。小動物に食らい付いているのだと錯覚するような食感。中から腐った柿のような味の生暖かい汁が出てきた。

思わず吐き出しそうになったが、そのまま無理やり口に留め、二、三回咀嚼してから飲み込んだ。最悪の味だ。

涙目になって抗議しようとした瞬間、玄関扉が開く音がした。

「ただいまぁ。遅くなってごめんね！」

バタバタと足音が近付いてくる。両手にスーパーの袋を提げた母だった。

何で。

そう言おうと思った瞬間、猛烈な吐き気が込み上げてきた。トイレは間に合わない。慌てて、台所のシンクへ思い切り吐き出す。吐瀉物《としゃぶつ》の中には短い黒い毛がたくさん混じっている。

「ちょっと、ちょっと。どうしたの。何、具合悪いの？」

仰天した母が駆け寄ってきて、背中を摩《さす》る。野田さんは涙と鼻水と胃液でぐちゃぐちゃになりながら、必死に頭を振る。

「何これ。ねえ、何を作っていたの、あなた」

母の言葉に、顔を上げる。指差す先、台所のまな板の上には、生臭い青紫色の液体と動物の毛が大量に散らばっていた。

幸いにも、野田さんの体調がそれ以上悪化することはなかった。ただ、このことがトラウマになったため、おやつは既製品しか食べられなくなったという。

ビスケットかりかり

清さんは早くに父親を亡くし、母一人子一人の家庭で育った。母は看護師で、夜勤もしばしばあった。そんなときには、近所に住む叔母の家に預けられた。小学校低学年の頃だ。

叔母は独り身で、周囲に対してとても優しい人だった。勿論甥っ子の清さんも大事にしてくれた。清さんも叔母さんのことがとても好きだった。

ただ、不思議なことは、彼女は結婚をしておらず独り暮らしなのに、住む家は二階建ての一軒家だったというところだ。見たところ彼女の持っている家財道具も最小限のもので、大型のスーツケースが二つもあれば、全ての私物が入ってしまいそうだった。

事実、広い家には全く使われた様子のない、がらんとした部屋が幾つも並んでいた。

他にも不思議に思うことが幾つもあった。成長した今となっては殆ど忘れてしまったが、強く覚えていることがある。特に奇妙だったのは、いつも一階の廊下の端に、個包装のビスケット菓子が置かれていることだった。

ビスケット菓子の供えられている廊下の奥は、物入れなのか、出窓くらいの高さに観音開きの扉が設《しつら》えてあった。確か鍵穴はなかったように思う。そもそもその廊下には他に扉もない。つまり、一番奥の観音開きの扉にだけ繋がっているのだ。

その廊下には窓がないのでいつも薄暗く、特に奥のほうは近寄り難い雰囲気だったのは覚えている。

だから、清さんは廊下の奥の扉を開けたことがない。

その扉の手前に立てかけるように置かれているのは、いつも判で押したように同じ、赤を基調としたパッケージのビスケット菓子で、幼い子供の顔が描かれているものだった。清さんはそのパッケージが好きではなかった。妙に利発そうな陰影のはっきりとした子供の顔が、暗がりだととても不気味に思えたのだ。

記憶にある限りでは、最初の頃にはビスケット菓子は個包装が単体で置かれていたはずだ。だが、清さんが通い始めて暫くすると、小さな人形と一緒に置かれるようになったように思う。それは男女を模した親指ほどのサイズの人形で、清さんは雛人形みたいだと考えていた。

叔母が何のためにその人形やお菓子をそこに置いているのか、朧《おぼろ》げに興味はあったが、特に訊ねたりしたことはない。それは自分とは関係のないことだと思っていたからだ。

だが、一度だけそれが話題になったことがある。

そのときに、叔母は一瞬だけ、寂しいような、何かを諦めているような、そんな笑みを見せた。ただ、すぐにその表情は消えて、いつもの叔母の顔に戻った。

彼女は、いっぱいにお菓子が積まれた籐製のバスケットを、テーブルの上で滑らせた。

「あれはね、こっちに来ないように置いてあるんだよ。あれで許してもらえますようにって。だから、清君はあのお菓子は食べちゃ駄目だからね。って、君は廊下に落ちてるお菓子なんか食べないか」

これも美味しいよ。君はこっちのお菓子も好きかな。

彼女は先ほどまでの話題を誤魔化すかのように、清君の前にカラフルなパッケージを幾つも並べて口角を上げた。

「でも食べすぎないで。夕飯が入るくらいにしてね。おばさん美味しいもの作ってあげるから」

そう笑って、叔母はキッチンで料理の支度を始めた。

その会話以降、清さんはそれまでにも増して、薄暗がりの廊下にはなるべく近付かないようになった。

――あの扉から、何か怖いものが来るのだ。

一体何が来るのかは、訊くことができなかった。ただ、それが来るのを防ぐために、あのビスケット菓子が供えられているのだ。

あのお菓子は、これで許してもらえますようにという祈りを形にしたものだ。

つまり、もしもあのお菓子がなかったら、もっと悪いことが起きるのだ。

叔母の言葉はそういう意味のものだ。

だが――。

たったあれだけで大丈夫なものなのだろうか。

この家に泊まるのが少し怖くなった。この家には何の秘密があるのだろう。

相変わらず叔母は優しいし、母親も信頼している。清さんも叔母のことを信用しているし、大好きだ。

ただ、彼女が何かを隠しているらしいということは、彼の不安を喚起した。

最後に叔母の家に泊まったのは、清さんの記憶では確か小学校四年生のときで、もうすぐ夏休みになるという頃だった。

泊まりに行かなくなったきっかけは、いつも通り叔母の家に泊まりに行ったときに、彼女の裸を見てしまったことだ——清さんはそう考えている。

庭仕事の後でシャワーを浴びた叔母が、脱衣所で髪の毛を拭いているところに、食べかけで手に付いたチョコレートを洗い流そうとした清さんが、ドアを開けてしまったのだ。

叔母の上気した首から下の肌には、赤い半円を描く傷が幾つもケロイドのように浮き出ていた。

目に飛び込んだその傷痕は、人が肉を噛み切ろうと歯を立てた痕だ。

いや、それにしては傷が大きくはないか。大人の掌よりも二回りほども大きな噛み痕。

それが幾つも重なっている。

そこまで認識して、見てはいけないものを見てしまったと気が付き、清さんは、ごめんなさいと大声を上げて飛び出した。

裸を見てしまったことよりも、全身を覆う傷を見てしまったほうがショックだった。

叔母が首元を隠し、夏でも長袖を着ている理由も理解した。

彼女は、それから後も、努めて平静に接してくれた。しかし、清さんのほうは叔母のことを激しく意識するようになった。

どんな服を着ていても、あの服の下に、噛み痕だらけの肌があると想像してしまう。

いけないことを知ってしまったかのようだった。

それから一週間ほどして、また叔母の家を訪れる機会があった。

一人で遊んでいると尿意を覚えたので、トイレへと向かった。途中にあの廊下がある。

いつもなら、そちらのほうを見ないように顔を背けるのだが、その日は、何故か廊下のほうに目を向けてしまった。

廊下の一番奥に、子供が立っていた。目を奪われた。

自分以外にこの家に子供がいるなんてことがあるだろうか。

暗がりで顔は確認できない。服は白いシャツにだぼっとしたハーフパンツ。

共に自分が普段着ているものではないが、まるで清君には、子供が自分自身のように見えた。背の高さや体型から、そう直感した。

その子の手には、赤い個包装のビスケット菓子が握られていた。

彼は、その包装を開けて、中身を口に運ぶと、包装を廊下に捨てた。

——あ、捨てた。

赤い包装に一瞬目を奪われたが、その隙に、子供の姿は消えてしまった。

「あれ、君が食べちゃったの？」

叔母の質問に、清君は激しく首を振った。

自分ではない。自分が来る前から、食べた後のビスケット菓子のパッケージが転がっていた。風も吹いていないのに、空袋が移動してきて、不意に旋風にでも巻かれたかのように、くるくると舞った——。

そう説明した。

実際には自分以外の子供が食べてしまった、と申告するほうが正しいのだろう。だが、清君は、男の子のお化けが食べてしまったとは言いたくなかった。自分自身も信じられないことを、他人が信じられるだろうか。

子供だって、あっという間に消えてしまったのだ。だから自分の見間違いだ。そうなると、自分が見たときには包装が落ちていた、と答えるのが正しい。彼はそう考えていた。

すると、叔母の顔が殆ど頬に触れるのではないかというほど近寄ってきた。

清君じゃないんだね。

違うんだね。

ああ良かった。

もし君が食べちゃったんだったら。おばさん困っちゃうところだったよ。

でも——本当に清君じゃないのね。

君が嘘ついてる訳じゃないのね。

本当に清君じゃないんだね——。

同じ囁きを何度も繰り返す彼女の目は妙に熱っぽく、またずっと遠いところを見ているように焦点が合っていなかった。無表情で何度も何度も確認する叔母に一体何が起きたのだろう。

清さんは言い知れぬ恐怖を感じた。

「僕も誰が食べちゃったのか、全然分からないよ。僕が見たときには、もう袋が落ちているだけだったもの」

「そうなんだ。——でも君、あたしの裸、また見たいんじゃないの？　覗りたいんじゃないの？　だから嘘ついてるんじゃないの？　最近、毎晩お風呂のたびに覗きに来ているでしょう？」

叔母はそう言って、清さんの頭を鷲掴みにした。

言葉の内容も支離滅裂なら、行動も普段の叔母とはまるでちぐはぐだ。

指先に力が掛かり、頭部を絞っていく。頭全体に痛みが走る。強い力に痛い痛いと叫び声を上げ、ごめんなさいごめんなさいと繰り返した。

そこで清さんの記憶は途切れている。

自分がその後、家に帰ったのか、叔母の家に泊まったのかも覚えていない。

叔母と実際に会った最後の記憶は、彼女が病院に向かうのに、母親と一緒に付き添ったことだ。

電話を受けた母親と駆け付けたときには、彼女は顔の右半分が血に塗れていた。

すぐに車で病院に送っていった。

道中で、叔母は階段から落ちて怪我をしたのだと言っていたが、それは嘘だ——と清さんは考えている。階段から落ちただけなら、あんな半円型の痕は付かない。

叔母は顔の傷が上手く治らなかったらしく、親戚の集いに顔を見せなくなった。

彼女の家は清さんの家から徒歩圏だ。しかし清さんは、廊下であの子供を見たとき以来訪れたことはない。

別に母親に行くことが禁止されている訳でもない。

仲違いした訳でもない。

ただ、気まずかったのと、何よりも叔母の身に何が起きたのかを考えるのが恐ろしかったからだ。

母親は叔母に時々会っているようで、元気だったよと教えてくれる。そのたびに、少しだけほっとする。

清さんは今でも時々、あの観音開きの扉の向こうに何がいたんだろうと考える。

今から考えると、当時の叔母はまだ二十歳を少し越えたくらいの歳だった。それが何故あの家に住んでいたのか。

毎回、叔母の半月型の赤い噛み痕塗れの裸体を思い出す。

もうその思い出の中の叔母は、自分よりも年下になってしまった。

きっと今後も顔を合わせることはないだろう。

そして多分、今でも彼女は廊下の奥にビスケットを供えているのだろう。あの扉から出てくる、目に見えない恐ろしいものに怯えながら。

夢の額縁

小宮さんは、いつの頃からか定期的に見る夢があるという。

白い靄の中を歩いていると、いつの間にか幼い頃に住んでいた木造アパートの寝室に立っている。そこには古い箪笥《たんす》が鎮座しており、小宮さんはその角を優しく撫でている。

箪笥には、幼い頃熱中していた美少女戦士アニメや、かつて通っていたそろばん塾で貰った御褒美のシールがベタベタと貼ってある。箪笥の下から二段目には、小学校で貰った彫刻刀で彫った親友の名前も残っている。

懐かしさとともに、少しずつ心が満たされていくのを感じる。とても穏やかな気分だ。

ふと、箪笥の上に目をやると、写真立てが伏せられている。これは何だろう。思わず手に取り、覗き込むと、そこには見知った人のスナップ写真が入っている。

ここで、いつも目が覚める。

ただの奇妙な夢ということで済めば、それまでの話なのだが、小宮さん曰く、そのとき見たスナップ写真に写っている人物は数年以内に死亡するのだという。

覚えているだけでも、今まで八人亡くなっている。最短で半年、長くても三年以内だという。夢に見る相手は実際の知り合いに限らず、芸能人や友人のペットなど様々だ。確かなことは、夢に見たら死ぬ、ただその一点だけだ。

その日の朝、小宮さんにとって最悪の目覚めだった。

例の夢を見たというところだけは覚えていたのだが、そのスナップ写真に写っている人物が思い出せないのだ。今までにも何度かこのような事態はあったが、その場合は決まって身近な人物が亡くなった。葬式で遺影を見たときに、自分が見た夢の写真と合致していることを思い出すのだ。

あの額縁の中の人物は誰なのだろうか。

思い出そうとしても、靄が掛かったように全く思い出せなかった。一日中仕事が手に付かない。早退してもう一度あの夢を見ようとするも、今度は全く夢を見られなかった。

少し前から小宮さんの妹の体調不良が続いていた。

大学病院に受診したところ子宮体癌だという診断が下りた。ステージ3、若いため、進行も速い。即座に入院である。

更に数日後、小宮さんの妹の血液検査の結果が最悪だったという報せを受け取った。余命宣告も出るのではないか、ということだった。病室でしんしんと泣く妹の姿を見て、小宮さんは叫びだしそうになるのを必死に堪えた。

いても立ってもいられなかった。自暴自棄になってバイクを走らせていると、いつの間にか、かつて住んでいたアパートの前を通りかかった。アパートは現存していたが、老朽化のためか入居者はおらず、廃墟と化して久しいようだった。

思わずバイクを停めた。かつての住まいをまじまじと見つめる。

何かに導かれるように庭側に回る。カーテンが取り払われているので、がらんとした居間がよく見えた。

ガラス戸に手を掛けると何の抵抗もなく開いた。吸い込まれるように室内へ入ると、まるで夢の世界に入り込んだかのような既視感を覚えた。

寝室へと足を踏み入れる。何度も夢の中で見た箪笥が鎮座していた。

美少女アニメや習い事の御褒美シールが貼られた側面。二段目の引き出しには親友の名前が刻まれている。

まるで箪笥が小宮さんをずっと待っていたかのようだった。

日暮れの廃墟に一人佇んでいるのだというのに、恐怖は全く感じなかった。

自然と箪笥の上に視線が動いた。スタンドが付いた木製の写真立てが伏せられている。

これだ。

思わず唾を飲み込む。妹の写真をどうにか外さなければ。そう思ってひっくり返すも、木枠の中に写真はなかった。そこには、呆けた顔をした自身が映りこんでいる。写真立てではない。スタンドミラーだった。

そこで目が覚めた。気付けば、叫び声を上げていた。

服は妹の病院に出かけたときのままだった。駐車場にバイクもある。どう帰ってきたのか、すっぽりと記憶が抜け落ちている。しかし、夢の内容は、いや夢ではないのかもしれない、はっきりと覚えている。どこまでが現実なのか。


妹は医師が驚くほどの回復を見せ、放射線治療の甲斐もあり、全ての病巣部が一年以内に消えた。まるで、病魔に冒されていたこと自体が夢であるかのようだった。

小宮さんは、もう一度だけあのアパートを訪れてみた。しかし、そこには既に建売住宅が三軒並んでいた。明らかに、昨日今日建てられた様子ではなかった。

そろそろ、あのアパートを訪れてから三年になる。

小宮さんはそれ以来、箪笥の夢を見ていない。

北の国から

「昔人気のあったドラマで、主題歌がハミングっていうのがあったじゃないですか。あれがトラウマになっていて、駄目なんですよ」

今沢くんはそう言うと、はにかむような表情を見せた。大学生だった頃に、一度酷い目に遭ったらしい。

どれほど酷いかというと、半年の間、大学を休学したほどだったという

放課後、いつも通りにファミレスでのアルバイトを終えてアパートに帰宅した。煎餅布団を敷いて横になり、蛍光灯から垂れ下がった紐を引っ張って灯りを消す。

そのとき、部屋の隅にぼんやりとした人の姿があるのに気付いた。不審者かとも思ったが、つい一瞬前まで、そんな人影はなかったのだ。灯りを消したから見えるようになったというほうが正しいのだろう。

視界に入った一瞬でそこまで思考を巡らせ、慌てて立ち上がろうとして全身に力が入らないことに気付いた。

これが金縛りという奴だろうか。

初めての感覚に戸惑いを覚える。しかし、目は開けることができるし、少しは首も回るようだ。ただ、全身の筋肉に対して、どうやって力を入れれば良いのかを忘れてしまったような感覚が不思議だった。痛みがないのは幸いだ。

人影は、最初は煙のようにぼんやりとしていたが、次第にはっきりとした人の姿となった。男性のようだ。

上半身は白いスモックを着た聖歌隊のような格好だが、スラックスから覗く足は裸足だった。視線もこちらを見る訳でもなく、ただぼうっと突っ立っている。ちぐはぐな印象に戸惑いを覚える。

一分、二分と時間が経っていく。相手が何をしてくる様子もないので、次第に心が落ち着いてきた。

こいつは一体何をするつもりなんだろう。

もしもこれが夢なのなら、意識がはっきりしすぎているようにも思える。

待っても何もしてこないが、相変わらず身体は動かない。

そのとき、男がすうっと息を深く吸い込んだ。

突然の行動に、緊張が走る。

直後、男は歌を歌い始めた。

違う。歌ではない。ハミングだ。

男のハミングしている曲には聞き覚えがあった。

何か有名なドラマの主題歌じゃなかったっけ。

男は部屋の隅でワンコーラス歌い終わると、すうっと姿を消した。それと同時に、今沢君の全身が自由になった。

一体今何が起きたのだろうか。意味があるのかないのか、まるで分からなかった。


翌日大学に行って友人にその話をすると、皆「信じるよ」とは口にしてくれた。

ただ、本心では夢でも見たのだろうと結論づけているようだった。

確かに自分がそんなに怖がっているような素振りを見せなかったのもあるし、実際にそこまで怖かったかと問われると、そうとも思えない。

起床も普段通り。何か不具合があった訳でもない。幽霊を見るっていうのは、何かもう少し酷い目に遭うことだと思っていた。唐突に現れた男性に、ただ歌を聞かされただけだ。正確には歌ですらない。上手いのか下手なのかもよく分からない。

何もかも曖昧だ。これは一体何なんだ。

もやもやとしたものを抱えながら、放課後にはアルバイト先に向かい、その後、アパートに戻った。いつも通りのルーチンだ。

そういや、昨日寝たのはこのくらいの時間だったっけ。

どうすればいいだろう。このまま部屋にいても良いものか。

ただ、友人の家に行こうにも、もう時間が遅すぎる。

まずったか。

だが、もし幽霊が現れるとして、昨日と同じならば、曲を一曲聞かされて終わりだ。その程度なら特に問題ない。別段恨み言を言われる訳でも、悲鳴を上げるような恐怖がある訳でもない。それなら普段通りの生活を心掛けていれば、気まぐれにやってきた相手も、そのうち出ていくのではないだろうか。相手だって意図に反して迷い込んできたものなら、居心地も悪かろう。

それとも奴が一曲披露した後に、拍手でもしてやれば、成仏してくれるのだろうか。

横になって暫くすると、昨晩と同様に、身体の動きを脳が忘却したような金縛りに襲われた。

押さえつけられて身動きが取れないというのとは違う。首から下の感覚はあるのに、力を入れる神経が麻痺しているとでもいうのだろうか。どちらにしても動かない。

一過性なら良いけれど、もしこれがずっと続いたら。

そう思った瞬間に、人影が部屋の隅に立った。

今夜は二人だった。共に男性。聖歌隊のような服を着て、一人は裸足で、もう一人は穴の空いた靴下を履いている。

人前に出るなら、もう少し何とかしたほうがいいのではないだろうか。

思わず笑ってしまいそうになるが、相手は共に無表情。笑っていいのかも分からない。

暫くすると、また昨日と同じハミングが始まった。


「増えんだよ」

ぼやくようにそう言うと、同じゼミの清美は「何それ」と呆れたような顔をした。

「幽霊が？」

「幽霊が」

嘘は言っていない。

幽霊が部屋に出るようになって、もう一週間になる。自分が寝ようと横になって暫く経つと、聖歌隊の服を着た男達が現れて、昔のドラマで主題歌だった曲を、ワンコーラスハミングする。これ自体も問題は問題なのだが、より問題に感じているのは、毎晩一人ずつ幽霊が増えるという点だ。

「ギャグじゃないの」

「残念ながらギャグじゃないんだよ」

ハミングは音痴ではないのもあって、割と聞けてしまう。

そういえば声は外に響いていないのだろうか。今のところ周囲から苦情は言われていない。アパートの隣室に住むおばさんに、「夜になると歌声が聞こえますか」と訊くのもおかしいだろう。そもそも、うるさいから歌わないでと言われたところで、どうしていいかも分からない。それは藪蛇に過ぎる。

「――どうしたもんだと思う？」

壁際にずらりと並んだ幽霊は、今や折り返すように二列目に達している。

六畳一間の狭いアパートの一室には、押し入れがあり、布団はその前に敷いている。部屋にある家具は最低限で、小さな机と椅子、それとカラーボックスが一つ出ている切りだ。あとは押し入れに突っ込んであるので、押し入れに布団は入れられないし、備え付けのキッチンも広くはないので、そちらに布団を敷くのも躊躇《ためら》われる。

そう説明すると、清美は「逃げたいのね」と言った。

「逃げられるものなら逃げたいよ。でも、急に始まったことだから、すぐ終わるんじゃないかと思って」

「そっか。でも逃げるにしても引っ越しする訳にもいかないんでしょう」

「この間、契約更新したばかりだしなぁ」

「実害はないのね」

「分かんない。今のところはないけど、毎晩同じ曲を繰り返し聞かされるのは、正直なところウザい」

「まずはお祓いとか行ってみれば」

清美は、そんなに面倒なことじゃないよと言って、お祓いの受け方を教えてくれた。


アルバイトもないし、清美の手前、ちょっとお祓いに行ってみるか。

五千円ほど掛かるというが、それで済むなら安い話かもしれない。

まずは最寄り駅の近くにある神社に行ったが、神職が常在していないようだった。もっと大きな神社に行かねばならないのだろう。兎に角故郷を離れて一人で出てきているのだ。周辺の地理にも疎い。

結局、電車で一駅移動し、そこからバスに乗り継ぎ、近隣で一番大きそうな神社にまで足を運んだ。

帰宅すると、もう日が暮れていた。

疲れたし、振る舞われたお神酒《みき》が回っているのか、少しクラクラする。

仮眠を取ろうと横になると、やはり幽霊達は出現した。最早十人以上の大所帯だ。

——お祓いに即効性はないのかもしれない。

そんなことを考えた。


歌唱隊はとうとう三列目になった。しかしここで気になることが起きた。

幽霊コーラス隊の最新の一人が煎餅布団の端を踏んでいるのだ。

しかも汚れた素足でだ。スラックスの端が擦り切れているのも気分が悪かった。

「お前、踏むなよ」

そう言うと、意外なことに口から声が漏れ出た。だが、幽霊達はその言葉を無視してハミングを披露して消えた。

翌朝、早速布団を移動させると同時に、金縛り中に声が出ないと思い込んでいた自分を反省する。家では基本的に喋ることがないというのも気が付かなかった理由だろう。

「昨日さ、金縛りの最中に声が出たんだよ」

「金縛りだっていうから、声なんて出せないんじゃなかったの」

清美に告げると、何で今まで声を出していなかったのか、という目で見られた。

「だから、今日はやってみたいことがあるんだ」

そう言って清美とは別れた。彼女は馬鹿馬鹿しい体験を、馬鹿にせずに聞いてくれる。ありがたい友人だ。

何日も同じ曲ばかり聞かされて、最近では一日中頭の中をあの曲が流れっぱなしになっている。今だって頭の中でグルグルと回っている。あの曲なら譜面も何もなしで、空で歌えるようになった。


アルバイトを終えて帰り、シャワーを浴びて布団に入ると、身体が動かなくなった。

ここまではいつもの流れだ。

人影がずらりと並んだ。じっと見ていると、彼らはハミングを始めた。

それに合わせて、今沢君もハミングを合わせた。タイミングもばっちりだ。

だが、急に彼らのハミングが止まった。一糸乱れぬタイミングだったので、部屋には今沢君のハミングだけが響くことになった。

え。

どうして。

彼らは無言のまま布団の周りににじり寄り、身動きの取れない今沢君のことを取り囲んだ。物言わぬ十人余りの目で見下ろされ、初めて恐怖を感じた。

自分は何をされるのだろう。そう思っている間に彼らに押されると、自分の腰から下が自らの意思に反して動いた。

果たして人間にこんな動きができるのだろうか。

足だけで上半身を支えるようにして全身が立ち上がっていく。次第に視界が高くなる。

自分の意思とは関係なく、直立させられた。

心臓が早鐘のように激しく打つ。自分は何をやらされるのだろうか。

立ち上がった後も黙っていると、影達がすっと一歩退いた。退いたが、視線はじっとこちらを見据えたままだ。

輪の中心に立たされたまま、無言の時間が過ぎていく。

――ああ。そういうことか。

何となく理解した。こいつらは歌えと促しているのだ。俺達がお前の歌を品定めしてやる。そういうことなのだろう。

今沢君は、大きく息を吸い込んだ。


「君、大丈夫か？」

大家さんが鍵を開けて入ってきたらしい。

歌い始めて何時間経っただろう。もしかしたら、何日も過ぎているのかもしれない。兎に角あいつらはこちらのハミングに満足しなかったらしい。

大家さんには悪いけれど、もう一回歌わないと。でないと許してもらえないのだ。

「大丈夫です――」

そう言おうとして、声がまるで出ないと気付いた。

夜が明けている。そう気が付いた直後に意識が途切れた。


次に意識が戻ったのは病院だった。母親がベッドの横に座っていた。

二日間寝続けていたと聞かされた。

事情を訊くと、夜中になっても部屋で大声で歌っているというので、近隣から苦情が入ったらしい。大家さんがドアを叩いたが、全く反応がなかったため、保証人である両親のところに連絡が入った。

母親が慌ててアパートまで駆け付け、大家さんとともに部屋に入ると、室内には異臭が立ち込めていた。

その中で、今沢君が直立不動で何かを歌い続けていた。だが、既に喉は嗄れており、歌にもなっていない。ここ数日、尿も便も垂れ流しだったらしく、パジャマのズボンが酷く汚れていた。下痢をしているようで、液状のものが布団に染み込んでいるのを見て、母親も顔を背けたという。

「何だかんだあっても、無事でよかったって言われたんですけど、それから暫くはフラッシュバックが酷くて。大学も休学しましたし、そのおかげで人生色々散々ですよ。そうそう。お祓い？　あれって、本当に効くんですか？」

今沢君はどこか自嘲するような表情でそう訊いた。

探し物

「俺、追いつかれたら死ぬと思うんですよ」

そう話しだしたのは無線越しの亀井君だった。

亀井君は美容師免許を持っているのだが、なかなか良い環境がなく、臨時で工事現場の警備員として働いていた。

給料がいいほうがいい。昼間は求職に使いたい。

そんな事情で、亀井君は夜の警備に参加している。

「何でそんなこと言っちゃってるんだよ。死ぬって何だよ。穏やかじゃないな」

茶々を入れたのはリーダー格の佐藤さんだった。

道路工事現場の夜間警備の中でも、長距離の通行止めは暇な時間が続く。

そこで支障のない範囲で無線を使って世間話をすることも多かった。夜に一人という怖さを誤魔化すため、また誰かと連絡を取っている姿を見せることで、第三者へ対する牽制にもなるという防犯上の理由もある。

「結構本気の話なんですよ。聞いてもらっていいですか？」

彼の口調は、真剣そのものだった。

彼が前に担当していた直線道路での警備でのことだった。

最初に異変を感じたのは、夜中の十一時を回った頃のことだ。

歩道にはぽつぽつと等間隔で街灯が設けられている。その中で一本の街灯の下が気になった。

警備で立っている位置からすると、件の街灯までは五百メートル近くはあるだろう。その距離を目を細めて眺めてみると、赤い服を着た女がうずくまっているのが見えた。

地面に落ちている何かを、一心不乱に探しているようだ。

——一体何をしているのだろう。

亀井君は好奇心に負けた。

休憩時間に、わざわざその女性に声を掛けに行こうと考えたのだ。

気が付いてから一時間近くも何かを探し続けているような女性だ。大切なものをなくしてしまったのだろう。

最初はそんな親切心だった。

自転車で漕ぎながら、その姿が近付いてくるにつれて、どこかおかしいと脳の奥で警鐘が鳴り響いた。

幾ら何でも、一時間もその場にいるだろうか。

通行人だって何人もいたはずなのに、誰も声を掛けた様子がない。

そしてこんなに遠くなのに、何で自分は「赤い服」で「髪の長い」、「うずくまっている若い女」だと分かったのだろう。

ペダル一漕ぎごと、彼女に近付いていくたびに、次第に後悔が募っていく。

だが好奇心は消せるものではなかった。

彼女の姿をはっきりと確認できる場所まで到着した。

間違いなく赤い服の女で、膝を突いて地面の何かを探している。

気になったのは髪の毛だった。全く手入れをしていないかのようにボサボサなのだ。

多分、一生懸命探していたから、髪が乱れたのだろう。

そう思うことにした。

ちゃんと実体がそこにいることを確認できて、亀井君はホッとした。

生きている人間でよかった。

「あの、探し物だったら僕も手伝いましょうか？　近くに交番もありますし、探し物……」

そこまで言って、亀井君は声を掛けたことを後悔した。

ゆっくりと振り返った女性は髪の間からは、目しか見えなかった。その目が血走ってい
る。正しくは白眼全体が真っ赤に染まっていた。その目がじっと亀井君を見つめた。

「一緒に探してくれるのね？」

女は低く響く声でそう言った。

「今、お巡りさん呼んできますから！」

亀井君は身の危険を感じ、一目散に交番へと自転車を走らせた。

事情を話して、警官と一緒にその場所に戻ってきたときには、既に女の姿はなかった。

「我々も周辺を探しますが、何かあるかもしれません。見かけたら御一報ください」

まともな人間ではないと判断されたのだろう。警察のほうでは女を不審者として見回っ
てくれるとのことだった。

「それから、雨の日になると出るんですよ。同じ女です」
無線に乗って流れてくる亀井君の声は、今にも泣きそうだ。
「雨の日って、警備も大体休みじゃないですか。でもそのときは、仕事の途中から雨が降っ
てきたんですよ」

雨の日は地盤が緩くなるので、よほどのことがない限り道路関連の工事は行わないことになっている。

だが、霧雨のような雨だと、工事が続くこともある。亀井君が女と再会してしまったのはそんな日だったらしい。

夜半を過ぎた頃だった。しとしとと霧のような雨が降り始めた。

合羽を着ようか、そのままでいようかと悩む程度の降り。

暫く車は来ていない。

何の気なしに視線を遠くに向けた。

直線道路を暫く行ったところにある街灯の下に赤いものがいた。

背筋に冷たいものが走る。

——あいつだ。あの女だ。

まだそれは何かを探しているようで、街灯の下をうろうろと這いずっている。

前回の現場とは場所も違う。何であの女がいるんだ。

追いかけてきたというのか。

こうなると、もう目が離せない。

小さな赤い影が、地面を舐めるようにして何かを探し続けている——。

そのとき、女の動きが止まり、こちらを見た気がした。

あの女だ。間違いなくあのときの女だ。

「それから、段々と近付いてきてるんですよ。最近では街灯三本目くらいの距離まで来てます。それくらいだと、もう表情が分かるんですよ。あいつ、四つん這いになって、こっちを上目遣いで窺っているんです」

「――」

這い回る女を想像をして、何も言えなくなる。

「あのとき、女が探していたのって、僕みたいなカモだったんじゃないかって思うんですよ。だから、もうちょっとしたらこの仕事辞めます。あの女に追いつかれたら、絶対に死ぬって予感があるんですよ。皆さん気を付けてくださいね」

彼はそう言って、無線を切った。

言葉通り、亀井君は一カ月もしないうちに仕事を辞めた。県を跨《また》いで遠い地へと引っ越すことにしたそうだ。

「もう、手遅れなのかもしれないですけどね」

日が暮れてからは家を出ない生活をしていると言っていた。

周囲に訊いてみたところ、亀井君と一緒の現場にいた警備員は、誰一人として赤い服の女を見ていなかった。

ただ、最初に同じ場所で工事が入ったときに、同様に赤い女を見たという作業員がいたという話を教えてもらえた。

彼も暫くして仕事を辞めてしまったとのことで、詳細は不明のままだ。

「その赤い女、亀井の後をずっと追っていってたりしてな」

佐藤さんのその言葉に、誰も返事は返せなかった。

後日、亀井君のメッセンジャーに連絡を入れたが、いつまでも既読が付かなかった。

髪バケツ

暫く前から勤めている土木工事の現場では、水が出てしまっていた。

勿論ポンプで吸い出して、湧いてくる水を外に出しているのだが、その際に土も吸い込んでしまって効率が悪い。そこで、バケツを泥の中に沈め、上澄みの水だけがバケツに落ちるようにして、そこからポンプで排水しようということになった。

そんな中、良いもの見つけたぞと言いながら、作業員の鈴木さんが持ってきたのは、古びたポリバケツだった。四個重ねてあるが、どれも同じメーカーのもの。一五リットル入る、取っ手付きの一般的なサイズのものだ。

「鈴木さんよ、これ何か嫌な臭いがすんぞ」

「粗大ゴミに出てたものを、何か使えるものがねぇかと探していたら、都合よく見つけたんだよ。捨てるものだから少しくらい臭いのも仕方ないべ」

鈴木さんは笑いながら答えたが、臭いものは臭い。

生ゴミの臭いではない。もっとねっとりとした、古くなった脂の臭いだ。

そんなポリバケツを渡され、作業していた人も顔を顰《しか》めたが、確かにあれば助かることは助かるので、そのバケツを使って作業を続けた。

その様子を見た鈴木さんは満足そうだった。

「良いもの見つけたな！」

その日の作業が終わり、機材をダンプに積んで戻るときにも、鈴木さんはそのバケツをいそいそと荷台に積み込んだ。

誰もが顔を顰めたが、社長とも親しく、発言力もある鈴木さんには逆らえない。

それから暫くは、別の現場でもそれを使っていたが、ある日、鈴木さんが突然ニット帽で現れた。

ヘルメットもニット帽の上から被る。

不自然な振る舞いだ。

「鈴木さん、何かニット帽被ってますけど、あれ、どうしたんですかね」

気になったので、鈴木さんとも親しい古株の青木さんという作業員に訊いてみると、彼はああ、あれね。鈴木さんがバケツ拾ってきただろ、と言って、事情を教えてくれた。

「気持ちが悪いからさ。余り大きな声では言えない話なんだよ。俺が教えたってのは、鈴木さんには内緒だぞ」

そう前置きして教えてくれたのは、彼の髪の毛が急に抜けだしたたという話だった。

鈴木さんは五十代で、髪の毛には白髪が交じっているが、家系的にも髪量の心配はないらしい。これは普段から禿頭の作業員にわざと髪の話を振って嫌がられていることからも体質に自信があったと思われる。

それが大量に抜け始め、所々禿げてしまったらしい。

「そもそもさ、あの人が持ってきたバケツ、臭かったじゃない」

確かに悪くなった脂の臭いが酷かったのは記憶に新しい。

「社長があのバケツを臭《くせ》え臭えと言い出してさ、鈴木さんはあれを洗剤で洗っていたんだよ。スポンジで洗っているから、少しは臭いも消えるだろうと思っていたんだけど、そのときさ――」

ずるりと、まるでかつらが落ちるように、頭部から髪の毛が大量に抜け落ちて、洗っているバケツの中に落ちた。

呆然としたのは鈴木さん本人と、その状態を見ていた仲間達だ。

本人は、疲れてるのかな、などと戸惑い顔を見せていたが、その状況を見ていた中に社長がいた。

結局、拾ってきたバケツが薄気味悪いし、変なことがあったらまずいということで、その場で社長が捨てるように指示を出した。

新しいバケツも買ってくれると決まった。

「でな、ここからは多分誰も見てないと思うけどさ」

青木さんは、新しい煙草を咥え、それに火を点けながら続けた。

俺は、俯いてバケツを洗っている鈴木さんの頭を、バケツから伸びた手が、ぐいっと掴むのを見たんだよ。

あの手は腐ってたよ。

臭いのも、あれは人間の肉が腐った臭《にお》いだぞ。

鈴木さんもとんでもないの拾っちまったな——。


結局、鈴木さんの髪はなかなか生え揃わなかったようだ。

彼は半年以上もの間、ニット帽を被り続けていたが、それ以降は、こちらがその土木工事会社からは離れてしまったので、現況は分からない。

オットさんの石

「所謂、京都の〈いけず石〉に近いものだと思います。我が家では『オットさんの石』と呼ばれています」

埼玉県のとある住宅街に居を構える鹿島さんの邸宅は、かなりの年代物で由緒も正しい立派なものだ。文化遺産に認定したいという話が、役所から何度も出たほどである。件の石は、敷地の北側の辻に置かれているもので、青と緑と黒が混じった独特な色をしている。

「どうも元々は馬を繋いで荷下ろしをするスペースだったみたいで、ちょっと凹んでいるんです。車を駐車したり井戸端会議をしたりするのに丁度良いみたいで、しょっちゅう人が入るから、境界線代わりに置いたのだと子供の頃に聞いたのですけど」

縦横一メートルほどのその大きな石が、定期的に「血を啜《すす》る」という。

初めて鹿島さんが事故を目撃したのは、彼が小学二年生のときだった。

帰宅早々ランドセルを放り投げ、友人達との待ち合わせ場所へと急いでいた。山羊《やぎ》を飼っている近所の家に寄り道をして、帰宅時間が遅くなったことが原因だった。

集合時間に遅れると、遊ぶ時間も少なくなる。気持ちは逸るばかりだったが、旧家ゆえに、子供の足では敷地から出るのにも随分な時間が掛かる。だが彼はそれをショートカットする方法を知っていた。家の裏側、北側の生け垣の隙間から這い出るのだ。

丁度、集合場所の公園もそちら側だし、これなら五分は時間を短縮できる。瞬時にそう判断した鹿島さんは、玄関で靴を掴んで台所の勝手口から飛び出した。その瞬間だった。

何かが爆発するような轟音が響き、目の前の生け垣からニュッと腕が生えた。何が起きているのか分からず茫然と立ち竦《すく》んでいると、誰かの怒号や叫び声が響き、暫くすると、けたたましいサイレン音が聞こえてきた。

いつ家の中へ戻ってきたのかは覚えていない。

暗い様子で話す家人の話を漏れ聞くと、どうも北側の道路で女性がトラックに跳ね飛ばされ、オットさんの石で頭を打って重体とのことだった。生け垣に飛び込んできたのは、どうもその女性の腕のようだ。脳裏を白くだらんと伸びた腕がよぎる。

暫くの間、一人で眠れなくなった。

そんなトラウマも癒えかけた三年後、再びオットさんの石のところで事故があった。

今度の事故は男性で、緩やかな坂道で自転車のブレーキが利かなくなって転倒し、石に顔面を強打して重傷だという。小学校から帰宅したときには、既に規制テープが張られており、近付くことはできなかった。しかし人ごみの隙間から見えたオットさんの石には、真っ赤な血がべっとりと付着して、ぬらぬらと黒光りしていた。

それからも、三、四年ごとに事故や事件が相次いだ。鹿島さんが大学生になった頃、近隣で訪問販売をしていた女性が突然血を噴き、石に齧り付いて亡くなったことがあった。大抵の場合は怪我で済む被害も、今回ばかりは人死にがあったということで、鹿島さんの気持ちもどんよりと曇ってしまった。

「なあ。オットさんの石のことなんだけどさ、あれって撤去できないの」

台所で夕餉《ゆうげ》の支度をする母親の背中に向かって語りかける。だが母は曖昧な調子で「まあね」と答えたきり、口をつぐんでしまう。それならばと、今度は居間でテレビを見ながらビールを飲んでいる父親のほうを振り仰ぐ。

「俺が子供の頃から、あの石の周りで事故ばっかり起きるだろ。あそこに石があるのは危ないんじゃないか」

同意が得られるかと思いきや、父親のほうも「まあ、そう簡単じゃないんだ」と曖昧な言い方で濁した。納得がいかずどうにか話を続けようと意気込んだそのとき、それまでソファでぼんやりとテレビを眺めていた祖母が立ち上がり、「ちょっとおいで」と鹿島さんを彼女の寝室まで連れ出した。

「オットさんの石はね、もう何回も何回も動かしているのよ」

祖母の話によると、オットさんの石は百五十年以上前にこの土地に家を築造した際、地中から出てきたものなのだという。オットさんの石が掘り出された場所には何らかの遺跡か塚の跡があったのだが、寛容な時代でもあったため、きちんと発掘や保存をすることもなく、全て埋め立てて上から家で蓋をしてしまったのだ。

唯一残ったのが、オットさんの石だった。漬物石に丁度良いと、最初は土間に放ってあったのだが、好調だった事業が傾き始めたのを皮切りに、家人が次々と病に伏した。遂には死人が出たこともあり、漸く当主も「何かある」と考えた。

大枚を叩いて高名な霊能者を呼び視てもらったところ、漬物石に使っている石が元凶であると指摘された。この石は、昔、その地で度々人を食った狒々《ひひ》を殺すのに使われたものだというのだ。

泡を食った当主が近くの山に石を棄てに行った。すると、その年に発生した土砂崩れで幾人もの犠牲者を巻き込んだ末に家の塀も破壊された。

そして石が敷地に戻ってきていた。

それからも何度か石を棄てに行ったものの、更なる人死にを増やして戻ってくる結果となった。どうも石は、この地への執着が強いのだという。

せめて敷地内の一番遠い所へ置こうということで、現在の場所へ安置される運びとなったのは、昭和の初めの頃だった。

戦中、軍需工場が近くにあったため鹿島さん宅周辺は度々空襲の被害に遭っていたものの、奇跡的に母屋は焼けることなく済んだ。一面、焼け野原の中で、鹿島さん宅だけがポツンと残っている光景は異様であったと、祖母は述懐する。

「だからね、定期的に血は啜るけど守り神でもあるから大切にしなきゃいけないのよ。この辺りに古くからいる人は知っていることだから、裏門には回らないでしょ」

だから、大丈夫。そう言って祖母は微笑んだ。

「でも、僕はそういうの嫌なんです。知らない人は死んでも良いみたいじゃないですか」

片手でビールジョッキを煽りながら、鹿島さんは言った。今はもう実家を離れているが、盆の頃に帰ると、家の裏から線香や花の香りがして毎回げんなりするのだという。

「ところで気になったのですが、何で『オットさんの石』という名前なのですか」

私の問いに、鹿島さんは更に不機嫌そうな声で、相槌を打った。

「出てきた石、夫婦石だったんですよ。うちの裏にあるのが夫のほうなんです」

では妻のほうは。そう訊ねると、とある交差点の場所を耳打ちされた。事故多発地帯として慰霊碑が建てられているその場所の土台が、「妻」のほうの石だという。

レインコート

「せんせー、真っ赤なレインコートの女の話って、聞いたことある？」

真紀子はそう訊ねてきた。彼女は都内の大学に通う三年生だ。

怪談を蒐集していると、真っ赤なレインコートを着た幽霊の話は時々耳にする機会がある。最も有名なのは大阪梅田駅地下にかつてあった「泉の広場」の女幽霊だろう。広場にあった噴水の周囲に立っている赤い服を着た女と目が合うという都市伝説だ。

かいつまんでその話をすると、彼女は関東では聞いたことがないかと訊ねてきた。

だが、咄嗟《とっさ》には真っ赤なレインコートを着た女の幽霊が登場する体験談を思い出せなかった。

「そっか。なら怖い話を一つ教えてあげる。もし似た話があったら教えて」

返事を聞いた彼女はそう言うと、不意に真剣な顔をした。その様子は普段のおどけた調子の彼女とは余りにもかけ離れていた。

真紀子が高校三年生の夏の話だという。

彼女と幼馴染でやんちゃ友達でもある健介は、何人かの年上の仲間と車に分乗して、富士の樹海に肝試しに出かけた。

到着したのは深夜だった。

二つのグループに分かれて、事前に決めておいた肝試しのコースを進んでいく。全員が強力な懐中電灯を手にしており、昼間のような明るさに、不安はなかった。

先に出発したチームには、真紀子と健介が含まれていた。その一分後に後続のチームが出発する手筈だ。

特に道を間違えることもなく、先行チームはゴールに到着した。だが、後を付いてきていたはずのもう一方のチームは、何故かいつまで経ってもゴールに姿を見せなかった。

「迷ったんかな」

「マジか。携帯繋がんないんだけど」

ゴールで待っていた先輩達と、先行チームの面々がざわめきだした。

樹海の内部はとても入り組んでおり、行方不明者も多発している。

「そんじゃ迎えに行ってみるわ」

健介が声を上げた。健介が行くなら、自分も行くしかないだろう。真紀子も同行することに決めた。

二人は後続のチームを探しに、今来た道を辿っていく。

携帯電話を繋ぎっぱなしにしての探索である。何か事故があったら、警察や救急への通報も視野に入ることになる。

転倒して岩に後頭部をぶつけたり、足を挫《くじ》くなどということも考えられた。

「それにしても、あいつらどこに行ったんだ」

「一本道だし、迷うはずないよねぇ」

後続チームのメンバーの名を呼びながらゆっくりと進んでいく。しかし、真紀子には、大声を出しても、声が闇に吸収されて、誰にも届いていないような気がした。

スタート地点まで戻った。しかし、後続チームには出会えなかった。そうなると、彼らは脇道に入り込んでしまったのだろう。

暫く周囲を探していると、往路では通らなかった道に迷い込んだ。進んでいくと、突き当たりには、赤黒く汚れたクーラーボックスがあった。

「これ何だよ」

「やめときなよ。樹海で自殺しようとした人のものかもしんないじゃん」

頭上を見上げようとして、真紀子は視線を逸らした。もし頭上に遺体がぶら下がっていたら、耐えられる気がしなかったからだ。

だが彼女の言葉を無視して、健介はクーラーボックスに手を伸ばした。
中には、まるで水に濡れているような、てらてらとした光沢の真っ赤な生地が入ってい
た。几帳面に畳まれているそれを、健介が持ち上げて広げた。それは女物のレインコート
だった。
赤いエナメルのレインコート。
それは深夜の樹海には、少々場違いに思えた。
「これ凄くない？　新品っぽいぞ」
健介は妙に興奮している。
「ねぇ。早く戻しときなよ。そんなもの拾ってどうしようっていうのよ。気持ち悪いし、
そもそも女物でしょ」
大柄な健介に着られるものではない。まさかあたしに着せようって腹か？
「おい、二人とも何やってんだ。到着したぞ」
そのとき、携帯電話から先輩の声が響いた。二人はその連絡に胸を撫で下ろした。健
介もレインコートをクーラーボックスの上に投げ捨て、元来た道に戻ってゴールへと移
動した。
どうやら迷っていたチームは別の道に入り込んでしまい、ゴールよりも大分先に行って

しまっていたらしい。ただ、携帯が通じなかったのは、理由が分からなかった。

樹海に行った次の晩のことだ。

真紀子は健介から携帯のメッセージアプリに連絡を受けた。赤いレインコートの女を見たという報告だった。ビビらせようとしてんでしょと返事を入れると、マジだからと返信があった。

翌日、健介とは仲間の幸太郎を交えた三人で会う約束をしていたので、そのときに詳しい話を訊くことにした。

「——ああいうの、本当に着てる人いるんだな」

翌日顔を合わせた健介は、あの女のせいで寝不足だよと言いながら、レインコート女を見た状況を教えてくれた。

深夜零時頃のことだ。健介はビールが切れたので、買い出しのために自宅の近くの夜道をコンビニに向かって歩いていた。

すると交差点に、フードを被った女がふらふらしていた。

ここ数日、ずっと晴れている。そんな中でフードを被っている意味が分からない。今夜も熱帯夜で、今も三十度を下回っていないのだ。

暑くないのだろうか。あんなものを着ていたら蒸れるだろう。

気が付けば健介は立ち止まって、女のことを観察していた。

不審者——。

やっとその単語に考えが至ったが、もう手遅れだった。レインコートの女は、街灯の下に立って健介のほうにくるりと向き直った。

街灯は最近交換されたばかりだ。ＬＥＤの容赦なく強い無機質な白い光に照らされて、赤いビニールの生地がてらてらと滑らかで綺麗な光沢を見せた。

樹海で手に取ったレインコートが思い浮かぶ。

目を奪われた直後に、不審者側もこちらを観察しているということに、思い至った。

背筋を寒気が走った。

立ち止まってじろじろと見ていたのだから、言い逃れのしようはない。

フードに隠れて表情は見えないが、女が含み笑いをしている声が聞こえた。

もし、この女が、何かしてきたとしたら——。

特に格闘技などをやっている訳ではないが、喧嘩には自信がある。

だが、女を殴れるのか？

何かしてくれれば対処できるだろう。だが、面倒なことには巻き込まれたくなかった。

できるだけ平静に、何事もなかったようにコンビニに移動しよう。ビールを買ったら、もう一つのほうの出口から出て、別の道を通って帰ろう。

俺は関係ないと何度も心の中で繰り返しながら、コンビニに向けて歩き続ける。

幸い女は彼のことを追ってはこなかった。


眠れない。

女が家の周りをグルグルと回っている。そんな気がして仕方がなかった。

——俺は小学生かよ。

自嘲する。小学生の頃、怖い本を読んで、夜に眠れなかった記憶が蘇る。

気のせいだと分かってはいたが、明け方まで、女の含み笑いが聞こえた。


「前の晩に樹海に行ったから、何か気分が昂《たかぶ》っていたんだと思うんだよ」

健介自身は、二人に説明している途中で、偶然が重なったと何度も繰り返した。

「あんたが樹海であんなもの拾うからでしょ」

真紀子は呆れて言った。健介はそこでまた偶然だよと答えた。

「でも気持ちが悪いよな。お前らも気を付けてくれよ」

「あたしは深夜に出歩かないから大丈夫よ」

「俺も気を付けるよ」

幸太郎も興味深そうに聞いていたが、彼は肝試しに参加していない。話を聞いただけで巻き込まれることはないだろう。真紀子も健介も、そう考えていた。

だが、この話を聞いた当日の帰宅途中に、幸太郎も赤いレインコートの女を目撃することになる。

時刻は夜の七時を過ぎていた。

電車に乗っていると、いつの間にかドアの前に、フードを被った細身の女が立っていた。身に着けているのは光沢感のある真っ赤なレインコートだ。

健介の話が思い出された。

しかし、先ほど停まった無人駅で、あんな服を着た人が入ってきただろうか。

この列車は単線のローカル線で、下車するにも乗車するにも、ドア横のボタンを押さないとドアが開かない。そのドアが開いた記憶がないのだ。

では他の車両から移動してきたのか。その可能性も疑ったが、それもないだろう。車両間のドアが開いた覚えも、足音を聞いた覚えもないのだ。

車両に乗客はいるが、今座っている長椅子には自分一人が腰掛けている。

先ほどの健介が繰り返す、「偶然だよ」の言葉が頭に響いた。

そうだ。ただの偶然だ。

頭では分かっている。だが、あのドアの前に立っているのは、正に健介の話に出てきた人物そのものではないか。

なるべく目を合わせないようにと思って下を向く。

そうしてじっとしていると、ドアのほうから、コツコツという足音を立てて、誰かが近付いてきた。

レインコートの女だ。

黒いブーツと、赤いエナメル生地の裾が視界に入った。

こんなガラガラの車両で、自分のすぐ前に立っている理由は何だ——。

どうすればいいか分からない。何か用かと声を掛けるのも何かおかしい気がする。

健介の話のせいか。あいつの話を聞いたから、女が憑いてしまったのか。

間もなく駅に到着するとアナウンスが流れ、列車が減速した。

列車が駅に着くと、ブーツの足先がコツコツと音を立てて移動した。

それに釣られるように幸太郎が顔を上げると、もうレインコートの女の姿はなかった。

ドアの開く音は聞こえていない。事実、開いているドアもない。

一体自分は何を見たのだろう。

「俺のところにも赤いレインコートの女が来ちゃったんだけど」

メッセンジャーアプリで、先ほど会っていた二人に今の経験を送った。

返ってきた反応から、二人がやけに怯えていることが分かった。


真紀子は怯えていた。

ここ数日、家の周囲を赤い服を着た女がうろうろしているような気がするのだ。

最初に健介が話をした日から、そんな気がしている。

そこに幸太郎からのメッセージが拍車を掛けた。

気にしすぎているだけなのかもしれない。

あれからアルバイトに行くときにしか家を出ていない。買い物もアルバイトの帰りに済ませるので、家を出るのは最小限だ。あとはずっと引きこもっていた。

だが、家を出るたびに、視界の端に目立つ赤いレインコートが見える気がする。

一瞬のことだし、見返すと姿が見えないので、恐らくは気のせいだろう。

脅かすのはやめてほしい——違う。自分が勝手に怯えているのだ。

周囲をうろつく赤い人影というよりも、健介が樹海で広げた赤いレインコートの記憶に対して怯えているのだ。


それから数日後、三人で健介の部屋に集まった。名目はゲームをしに集合ということになっていたが、当然赤い女についての情報交換が主な目的だ。

実在の人間であれば怖くないはず。

三人で見れば、幽霊ではないとはっきりするのではないか。

健介からそう言われて集まったが、真紀子と幸太郎にとっては、怯えきっている健介のことが心配で様子を見に来たというのが一番の理由だった。

どうやら家に閉じこもり切りで、まともに食事も摂れていないらしい。

家にはデリバリーされたピザの箱が積まれていた。ゴミも出せていないらしく、ベランダにはゴミ袋が何袋か放置されていた。


深夜になり、夜食を買いに出ようと、嫌がる健介を引きずり出してコンビニに行くことにした。

健介が女を目撃した場所を実際に確認するという理由もあったが、そんな女がいないと分かれば、健介も元に戻るだろう。

彼が独りで住んでいる家からは、墓地の前の砂利道を通り、交差点を曲がって坂を下りきったところにコンビニがある。徒歩で五分ほどの道のりだ。

「その交差点に立ってたんだよ」

健介が震える声で言った。

「でも今はいないよね」

「大丈夫だよ。俺達もいるじゃん」

でも幸太郎も見ちゃったんだよね——とは思ったが、真紀子は口に出さなかった。


コンビニで買い物を終えて坂道を登っていると、坂を上がりきった交差点の真ん中に、全身赤いレインコートを身に着け、フードを目深に被った女性が立っていた。

真紀子さんは驚いて、友人達の顔を見た。彼らも顔色が悪くなっている。

見えているのだ。

だが、全員が見えているのなら、これは実在の人間だ。

誰かが驚かそうとしているのだ。

舐めたことをしてくれる。

「大丈夫！　帰ろう！」

語気を強めて声を掛けたが、健介が動かない。

「幸太郎、健介引っ張れる？」

しかし、幸太郎も女に目を奪われたままだ。

強烈なＬＥＤの光を反射したエナメルの赤いレインコート。

フードの内側は影になっていて、まるで表情を窺うことができない。

「コンビニまで戻ろうか」

二人に声を掛ける。だが、二人とも意識を奪われたかのように微動だにしない。視線は坂の上に釘付けだ。

だが、真紀子が一歩踏み出すと、女の姿は消えた。

この消え方は、人間のものではない。熱帯夜なのに背筋が冷たくなった。

その直後、正気に戻ったように見えた二人は、健介の部屋に戻っても黙ったままだった。

誰もコンビニで買ってきたものに手を付けない。

ゲームをする気分でもなくなったので、真紀子は煌々《こうこう》と灯りを点けたままソファに横になった。二人もいつの間にか寝ていた。

翌朝、明るくなってから解散した。


そういえばここ数日連絡を取っていなかった。大学の課題とアルバイトで忙しく、メッセンジャーも放置しっぱなしだ。

幸太郎がメッセンジャーで声を掛けてきた。

「最近健介と連絡取った？」

「忙しくて、全然スマホ触れなかった」

「そうか。変な話聞いたんだけど。権田先輩死んじまったって話聞いてる？」

「マジ……？　聞いてない。どうしたの」

権田先輩とは、先日樹海に連れていってくれた先輩だ。

顔から血の気が引いていく。真紀子とはそこまで親しくはなかったが、健介とはよく一緒に出かけたりしていたはずだ。その関係で時々顔を合わせる機会があった。

「最近ずっと、先輩が赤い服の女が来るって言ってて、昨日の夜、自宅で首吊って死んじゃったって」

ここでも赤い服だ。一体何が起きているのだろう。

樹海の奥にあったクーラーバッグのことを、先輩は知らないはずだ。いや、もしかしたら健介が話したのかもしれない。

「俺心配だから、健介の家見てくる」

——考えることは一緒ね。

幸太郎のメッセージはそこで途切れたが、夜になって届いたメッセージで、健介が留守だったことが伝えられた。数人の友人達に健介の行方を訊ねてみたが、誰も彼の行方を知らなかった。

代わりに仲間の一人から知らされたのは、先輩の葬儀の様子だった。

葬儀は家族葬だったというが、知り合いの中から何人かが呼ばれていた。

その知り合い達の間から漏れ聞こえてくる話では、葬儀が普通ではなかったらしい。

「皆赤い服を着てるんです。上も下も」

葬儀に参加した一人の話では、式場にいた先輩の両親も、弟も、皆赤い服を着ていたらしい。葬儀とは思えない服の選択に戸惑うと同時に、礼服を着ている自分のほうが場違いに思えたという。

棺桶に入っている先輩も、冗談かと思うような真っ赤な服を着せられていた。

エナメルの女物のレインコートだったという。

赤い服、赤い服、赤い服。

毎晩のように、夢の中にまであの赤いレインコートを着込んだ女が出てくる。出てきてこちらを坂の上から見下ろして、含み笑いをする。

隣でへたり込んだ健介が、その女に引き摺られていくところで目が覚める。もう彼と連絡が取れなくなって四日経っている。

眠りが浅い。明らかにノイローゼだ。

「樹海に行って、さっき帰ってきた」

眠れずにいると、明け方にメッセージが送られてきた。

どうも健介は一人で樹海に行っていたらしい。

その後の話では、心当たりのある道を幾ら探しても、あのクーラーボックスは見つからなかったとのことだった。

「——話はここまでなんだけどね」

真紀子は、オチもないし、中途半端な話でごめんなさいと、曖昧な笑顔を見せた。

ただ、彼女も健介も幸太郎も、まだ赤いレインコートの女を見かけるという。

先日は幸太郎が大学の校舎をうろついているのを見たらしいが、同じ授業を取っている誰もそんな女を見ていなかった。

きっとただの見間違い。ただの思い違い。

そう思っていたほうが安心する。だけど、それじゃ何で先輩は死んでしまったのだろう。

もしも本物だとしたら――。

「だから赤いレインコートの女は、見たらヤバいから。もし何とかする方法が分かったら、絶対に教えてね」

真紀子はそう言い残して去っていったが、彼女はその翌週から学期が終わるまで、一度も授業に出席しなかった。

玉簾《たますだれ》

半年前に新居に引っ越したばかりの三木さんが、突然「引っ越しをしたい」と言い出した。都下に位置する手頃な価格なアパートで、部屋の広さや周辺地域の治安の良さ、景観も含めて日々絶賛していた部屋だったため、彼女の急な心変わりに驚かされた。

何があったのか。まさか、犯罪行為に巻き込まれたりしたのではないか。

皆が口々に三木さんに訊ねるが、彼女は曖昧に否定しつつ、呟くように言った。

「いや、こんなこと言うの変だと思われるかもしれないけど、隣の家の簾が嫌なんだよ」


三木さんが住んでいるのは住宅街に位置するアパートの二階の角部屋で、築年数が古い代わりに十分な広さと日当たりの良さが自慢の部屋だ。確かに建物の外観からは随所に年季の古さを見て取れるが、室内は水回りも含めてフルリノベーションされている。賃貸物件としては申し分ない部屋だった。

彼女は元々都心にある軽量鉄骨造の五畳半のワンルームに住んでいたこともあり、その部屋へ踏み入れた瞬間から心を鷲掴みされたのだという。

「特に、少し広めのベランダと隣家の木が素敵だったんだ。前に住んでいるところからはビルの壁しか見られなかったし、葉擦れの音を聞きながら晩酌でもしたいな、と」

隣家は築五十年以上経っているだろう古めかしい平屋建てで、時たま勝手口から老婆が出てきて庭に洗濯物を干している姿を見かけた。どうやら、独り暮らしのようだ。勝手口には、何故か外側に向けて黒い玉簾のようなオーナメントが飾ってあり、それが風に揺れてジャラジャラ鳴るのが、また風情があるようで三木さんは気に入っていた。

入居後一カ月は良かった。特に大きな問題もなく、新しい生活を満喫できていた。しかし、季節が夏に差し掛かった頃、三木さんは予期せぬ問題に直面することとなる。

隣家の植栽が、ベランダを占拠するようになったのだ。

最初こそ目に新しい緑の色を楽しむ余裕があったものの、洗濯物に虫がびっしり付着したり、雨風の日のたびに葉っぱで排水口が詰まり、ベランダがプールのようになる被害が続発して、次第に疎ましく思うようになった。

不動産管理会社に連絡も入れたが、植栽の持ち主が隣家である以上、不動産屋ができることはないとやんわり介入を断られてしまった。

痺れを切らした三木さんは一念発起して、剪定用の鋏で侵入してきた枝葉を全て切り落とすことにした。もしも隣家から文句を言われた暁には、水没したせいで破棄する羽目になったサンダル代を請求してやろうと意気込んでいたそうだ。

予想に反して、不動産屋も隣家も勝手に枝葉を伐採したことを咎《とが》めてくることはなかった。しかし、隣家の老婆が三木さんの行為に対して憤慨していることは明らかだった。

隣家の勝手口の前から、老婆がじっと睨むようになったのだ。

最初こそ気にしないよう気丈に振る舞っていたが、次第に常に監視されているような、嫌な視線を四六時中感じるようになった。

こうなると、風が吹くたびに鳴る玉簾のジャラジャラという音も気持ちが悪い。音を耳にするたびに悪寒を感じるようになってしまった。最早ベランダ側のカーテンは常時締め切り状態である。

法律的な問題になってしまえば自分のほうに非があるのは明らかであるため、不動産屋には勿論、友人や家族にも相談できない日々が続いた。

剪定してから一カ月も経った頃だった。

その日、三木さんはすっかり寝坊をしてしまい、バス停までの坂道を全速力で駆け上がっていた。前方に見えるバス停には、既に路線バスが停まっている。あれに乗り遅れれば、遅刻は確定だ。

「すみませーん！　乗ります、乗ります！」

そう腕を振り上げた拍子に、鞄に付けていたマスコットキーホルダーが取れて、あっという間に坂道を転がり落ちていってしまった。あのマスコットは、三木さんがはまっているゲームのキャラクターで、以前訪れた同人イベントで購入した品だった。大分くたびれていたが、キャラクターの特徴である碧眼の部分に大粒の青いチェコビーズがあしらわれており気に入っていた。

取りに戻ったら、確実に間に合わない。

逡巡した瞬間だった。坂の下から隣家の老婆が現れたかと思うと、驚くほどの速さでマスコットを鷲掴みにして去っていった。一瞬の出来事だった。親切に拾ってくれたというよりは、もっと悪意が滲んでいるのを感じ、三木さんは何も声を掛けられなかった。

翌日。どうやってマスコットのことを切り出そうかと悩みながらカーテン越しに隣家を眺めていると、勝手口の辺りがキラリと光った。例の玉簾の先が、光を反射している。遠目から見ても、何かガラスのようなものが追加されたことが分かった。

嫌な予感がした。観劇用に所有していたオペラグラスを手に取り、隣家を眺める。見間違いではない。玉簾の先には、大粒の青いチェコビーズが吊り下げられている。

いや、それだけではない。上へ、上へと視線をずらしていくと、玉簾だと思っていたものは、大小様々なぬいぐるみに縫い付けるための眼球だった。まるでアブラムシのように、簾の一本一本に目が縫い込まれていたのだ。老婆は、この目で監視をしていたのかもしれない。

常識ではそんなことはあり得ないのだが、三木さんにはその確信があった。

そうなると、もういてもいられなかった。近所に住む友人を家の近くにあるスーパーマーケットのフードコートへ呼び出すと、隣家の気持ち悪さをぶちまけた。

「もう、無理。もう、マジで引っ越したい。あのババア、死んでくれないかな」

三木さんの尋常ではない様子を宥《なだ》めつつ、友人は困ったように笑う。

「そんなにヤバいんなら、暫くウチに避難しておいでよ。そうしたらさ」

そこまで言った途端、友人の目が泳いだ。何があったの。そう訊ねようとした瞬間、強烈な視線を背後から感じた。思わず、スマートフォンのインカメラで背後を確認する。いた。エスカレーターの下、買い物カートに紛れるようにして、老婆がこちらを睨みつけている。

キッチリ結った白髪、憎しみで紅潮した顔、吊り上がった目は、明らかに三木さんのほうを向いていた。提げた買い物袋から飛び出すネギは、白骨のように思える。ギリギリと歯を食いしばる音まで聞こえた気がして、三木さん達は逃げるようにして立ち上がった。

「大丈夫、大丈夫。聞こえてないって。ね」

友人は慌てた様子でそうフォローしたが、三木さんは震えが止まらなかった。確かに、あの距離で二人の会話が届くはずもなかった。

しかし――。


「もういい加減に限界なんだ」

そう言って、三木さんはスマートフォンを取り出した。そこには、恐らく彼女の部屋から写したのだろう隣家の写真が表示されている。確かに、彼女の言う通り、黒い不格好な簾が何本も勝手口に吊るされていた。

「ねえ、ここ。これ、見える？」

三木さんが示す部分を拡大すると、黒い簾の中に混じって、チラホラ白いものが見える。

楕円形の、歪な形をした物体。

「多分これ、耳なんだよね」

そう言うと、三木さんは深い溜め息を吐いて頭を抱えた。

畳の下

奈都子さんが腰掛けに住んでいたアパートの話。

住んでいるアパートが取り壊しになるというので、急に引っ越し先を探さねばならなくなった。そのときに、知り合いからそのアパートを紹介されたという。

引っ越しの期日も迫っていたし、他に移れる部屋の当てもなかったので、彼女は取り急ぎそのアパートに入居することに決めた。

部屋番号は201。二階東南の角部屋で採光の良い部屋だった。間取りはダイニングキッチンに六畳の和室と六畳の洋室の2DKだ。昔ながらの造りのせいだろう。収納も広い。部屋は振り分けで、友人が遊びに来たとしても、居間と寝室とに分けて使える。

使い勝手が良くて気に入ったのだが、暮らし始めて一点だけ気になるところがあった。

入居した直後から気にはなっていたのだが、居間として使っている和室に、奇妙な気配を感じるのだ。

当時、彼女は働きながらプログラミングの勉強をしていた。

PCを和室に置いて勉強をしていると、何やら気配が立ち上ってくる。

ただ、最初は気のせいだと自分に言い聞かせ、気配を感じても、特段気にしないようにしていた。

そんなある日、友人のマサエが泊まりがけで遊びに来た。

その晩は和室に布団を並べ、寝転がりながら他愛もない話をしていた。

久しぶりに会ったこともあり、気が付くと、もう日付が変わっていた。そろそろ寝ようかと部屋の灯りを豆電球にして床に就いた。

それでもまだ話は尽きなかった。薄暗がりの中、布団を被りながらも話を続けていると、不意に二人の間を何かが通っていった。

「今の何！」

マサエが声を上げた。だが、奈都子さんにも分からない。

こんなにはっきりと見えたことは今までになかったからだ。

怖いながらもじっと目を開けて見ていると、豆球のオレンジの光が歪んで、次から次へと半透明の何かが蠢《うごめ》きながら通っていく。

流石に怖くなったので、二人で立ち上がって蛍光灯を点けた。すると、先ほどまで何体もいたはずの奇妙なものは、周りを見渡してもいない。

消えてしまったのか、灯りで見えなくなったのか。

「何だったの、あれ」

マサエが訊いてくる。しかし、こちらも答えを持っている訳ではない。

「何だったんだろうね」

考え込んでも答えが出る訳でもない。

天井の豆球では心許ない感じがしたので、普段使っているデスクライトを持ってきて、その照明を天井に向ける。少し明るめの照明で休むことにした。

また横になって何となく眠れずにいると、突然マサエが悲鳴を上げた。

奈都子さんは飛び起きた。

「足！　足！」

マサエがパニックになっているのが分かる。立ち上がって蛍光灯を点ける。

布団からはみ出したマサエの足首を、土色の薄汚れた手が掴んでいる。

奈都子さんは恐怖も忘れ、夢中でマサエの足からその手を振り払おうともがいた。

マサエも一緒にその手を取ろうと暴れる。

ばたつく足が床を蹴るたびに、下の階の人に迷惑になっていないかなと、少し不安になる。

必死になっていると、何とか手が離れた。だが床に落ちた手は、指を器用に動かして二人のほうへ這って追いかけてきた。

まるで肉厚な蜘蛛のようだった。

奈都子さんはダイニングキッチンに続く引き戸を開けると、マサエと二人で転がり込んだ。勢いよく戸を閉める。押さえておけば手がこちらに入ってくることはないだろう。

マサエの足首の掴まれていた部分が赤くなっていた。

血だ。

毛穴から血が噴き出ていた。

時間にして十分以上経った。恐る恐る隣の居間の様子を窺ったが、あの手はなかった。

ただ、這っていった跡なのか、畳の一角には、渦を描くような土汚れが描かれていた。

「これってどういうこと」

マサエと二人で顔を合わせる。怖くてもうこの部屋では寝られない。

洋室に布団を移動させて横になったが、神経が昂《たかぶ》っているのか、寝付くことができなかった。

「ねぇ」

マサエが声を掛けてきた。

「あれ、一体なんだったんだろ」

「分かんない。でも、和室で仕事してたりすると、時々変な感じがあったんだよね」

「そっか。このアパート、前に何かあったりしたんじゃないの？」

「何かって？」

「ほら、人が自殺したりとか、殺人事件があったりとかさ。何て言うんだっけ。事故物件？だっけ？」

不動産屋からは何も聞いていない。知り合いの紹介だからと、特に説明も受けずに契約してしまったのだ。

よく考えてみると、紹介してくれた知り合いも、このアパートに住んでいた訳ではない。

考えをまとめようと二人で話をしているうち、夜が明けた。結局一睡もできなかった。

奈都子さんは朝一で契約した不動産屋へ行った。

マサエも一緒に行くと言ってくれた。彼女の足首には昨日の手に掴まれたときの青あざが残っている。

出てきた社長に昨夜体験した話をすると、最初は夢を見ていたのだろうなどと言っていたが、マサエが助け舟を出してくれた。

「あたしも同じものを見たし、こんなことになってるんですけど」

彼女は社長に足首の青あざを見せた。

五本の指を数えられる、くっきりとした青あざ。それを見せられた社長は、しぶしぶといった様子で話し始めた。


彼は、もう事件自体が大分昔のことだし、アパートもあと一年で建て替えるので、話は余り広めないでほしいと前置きをした。

それじゃ、またすぐに引っ越ししないといけなかったんじゃない。

騙されたような気分だったが、それを言い出すと、話がこじれそうなので黙っておいた。

社長の話によると、やはり201号室は事故物件とのことだった。マサエが言った通りだ。

去年、前の住人が出た後に、一年後の建て替えまで貸さないつもりでいた大家さんに対して、社長が無理に勧めて賃貸物件としたのだという。

そこに契約に現れたのが奈都子さんということだった。

確かに201号室の家賃は、相場よりも安かったが、そもそも物件が古く、駅からの距離もある。諸々の条件の悪さから、安いのだと奈都子さんは考えていた。

だがどうやら違っていたらしい。

二〇二一年現在、心理的瑕疵《かし》物件の扱いについては、国交省によって、「宅地建物取引業者による人の死に関する心理的瑕疵の取扱いに関するガイドライン」が策定されている。このガイドラインによれば、「取引の相手方等の判断に重要な影響を及ぼすと考えられる場合は、宅地建物取引業者は、買主・借主に対してこれを告げなければならない」とされている。

ただ、奈都子さんは、あんなことがあった以上、もう引っ越すつもりでいた。

「社長さんはもう時効だと思ったから、何も言わないで貸したんでしょ。それなら、あの部屋で何が起きたかくらい教えてよ」

その言葉に、社長は過去にアパートで起きた話を教えてくれた。

もう四十年近く前のことになる。奈都子さんの住む201号室には、スナックの厨房で働いていた山下という男性が住んでいた。三十代独身の独り住まいである。

その隣の202号室には、山下の勤めるスナックのオーナーである、鈴木という夫婦が住んでいた。

これは偶然という訳ではなく、山下がスナックに勤めだした時点で、通勤に時間が掛かるから、どこか近所に良いアパートはないかと、鈴木に相談したことが理由だった。要は「うちの横の部屋が空いてるから、そこに入ればいいんじゃないか」と勧めた訳だ。

三人とも、特にうるさいとかガラが悪いとかもない、ごく普通の人柄で、家賃の滞納などもなかったらしい。周囲の住人からも、それまで一件の苦情を受けることもなく過ごしていた。

だが、ある夜のこと。時刻は深夜三時頃だったという。

仕事から戻ってきた三人は、珍しく口論をしていた。言い争うその声が大きかったこともあり、近所の人達がその声で起きてしまい、管理をしている社長の元に、早朝から苦情が入った。すぐに電話をしたが、寝ているのか二軒とも連絡が付かず、午後に再度連絡を入れることにした。

今度は鈴木の夫のほうが電話に出た。

明け方に大声で言い争いをしていたとのことで、近所の人たちから苦情が入っていると説明すると、彼は申し訳なさそうな声で謝罪の言葉を口にした。

「昨夜はかなり酔って帰ってきたので記憶になく申し訳ないことをしました。以後気を付けます」

「職業柄、そういうこともあるかもしれませんけど、やっぱり時間が時間だから、気を付けてくださいね」

そんなやりとりの末、掲示板に「深夜・早朝の騒音に関するお願い」という貼り紙をすることで、この件は解決した——ように見えた。

それから三カ月が過ぎた頃、一階101号室の住民から異臭がするとの連絡があった。

社長とアパートの大家が立ち会いに足を運んだ。

調べていくと、どうも真上の201号室から臭っている様子だ。

201号室の呼び鈴を鳴らしても反応がなかった。

外廊下にまで異臭が漏れ出ている。

そこで話を訊こうと、山下の雇い主である鈴木夫妻の住む202号室の呼び鈴を鳴らす。

しかしこちらも反応がない。

そのとき、不安そうにしていた大家が言った。

「警察に立ち会い依頼しますか」

警察立ち会いのない単独入室は不法侵入となる可能性があるからだ。

店舗に戻って警察に連絡を入れ、立ち会いの時刻を調整して再度アパートに戻る。

警察立ち会いの下、合い鍵を用いて201号室のドアを開けると、異臭は更に強くなった。

この部屋だと確信し奥へ入っていくと、和室の畳が汚れている。

社長が畳を剥がすと、床がくり抜かれており、新聞紙に包まれビニール袋に入れられた頭手足がバラバラの腐乱死体があった。


「あの部屋がバラバラ殺人事件の現場だったってことですか――」

マサエが真っ青な顔で訊ねた。

社長は無言のまま頷くと、彼女はトイレに駆け込んでいった。

「これ、借りようとする側に言わなくてもいいって、どうして思ったんですか」

奈都子さんは詰《なじ》った。

「事件から現在までの間に、２０１号室は十人以上借りている人がいるし、特に実害が出たという話は聞いていなかったからね」

納得のいくようないかないような、社長はそんな説明をした。

結局遺体の主は山下で、犯人はスナックのオーナー夫妻だった。

明け方口論をしながら帰ってきた日に、彼は部屋で殺され、鈴木夫妻はその遺体をバラバラにして畳の下に隠し、ばれないようにと山下の家賃等も支払いながら、何食わぬ顔で生活をしていたらしい。

その後、和室はお祓いとリフォームをして、賃貸に出していたが、定着率が悪くて、すぐに入居者が出ていってしまうのが悩みの種だった。

２０１号室だけではなく、その下の１０１号室も出たり入ったりが続いていたという。

社長の話を聞いた奈都子さんは、その場で保証金を全額返金してもらった。社長も覚悟をしていたのだろう。特に何も言わなかった。

今はそのアパートのあった土地には、小綺麗なマンションが建っている。

過去にそこでそんな事件が起きたということは、入居者に説明されている様子はない。

社宅の駐車場

　安齋さんの日課は、社宅のベランダで晩酌をすることだ。

　昔は夕食後の一服が習慣だったのだが、妻の妊娠を機に煙草をやめた。口寂しさと、何となく一人で物思いに耽《ふけ》りたいという気分から始まったのが、晩酌だった。雨の日も風の日も、缶ビール一本をちびちび飲む時間だけは、仕事や家庭の様々な煩わしさから解放されるような気がする。

　ベランダからは、家々の灯りが見える。それをぼんやりと見つめながらも、気付くと視線は眼下の駐車場へと落ちている。

　社宅と一メートル幅の花壇を挟んだ先には、入居者用駐車場が隣接している。安齋さんの目線は、その三十五番のスペースへと注がれている。その場所だけ、アスファルトが妙に黒々としている。

　安齋さんが入居する三年前に、屋上から飛び降り自殺を図って、そこに落下した社員がいたそうだ。早朝だったため目撃者は少なかったものの、めり込んだ肉片が清掃で落ちきらず、やむなくアスファルトを敷き直したと聞いている。

そんなことを考えていると、車の駆動音が近付いてきた。ヘッドライトの眩《まばゆ》い光が夜の暗さを切り裂いて近付いてくる。

車はまっすぐ三十五番のスペースに駐まった。中から降りてきた男が快活な笑顔を見せながら、安齋さんに手を挙げた。営業二課の佐々木さんである。先週から、自殺現場となった、そのカースペースを借りていた。

「二台目の車を買いたいのにスペースが足りないっていうから、無理言って例の場所を借りちゃったんですよね。俺、幽霊とか全然信じないんで」

格安で借りられたんですよ。そう佐々木さんは豪快に笑っていた。

安齋さんと佐々木さんは同じ大学の先輩後輩の関係で、部署は違えど、プライベートでもたまに飲みに行く程度の仲だ。佐々木さんは大の車好きで、ファミリーカー以外にもスポーツタイプの軽自動車を欲しがっていたことは知っていたが、まさか例の自殺現場を借りるとは思ってもいなかった。

「死んでから十年近く経っているんですよね？　欠番にしておくほうが勿体ないですよ」

実際、安齋さんが入居した後に管理人が代替わりしたこともあり、飛び降り自殺の凄惨な噂だけが独り歩きしていた部分もある。新しい管理人も、明らかに件のスペースを持て余していた様子で、佐々木さんの申し出は渡りに船だったようだ。

しかし、駐車スペースを借りてから八日目の朝に異変が起きた。

その日は日曜日だった。昨夜、遅くまで晩酌をしていた安齋さんは、激しいクラクション音によって飛び起きた。誰かが駐車場でクラクションを鳴らし続けている。慌ててベランダから階下を覗き込むと、苛立ったように激しくクラクションを鳴らす紺色のセダンの姿が目に入った。

日曜の朝から何をやっているんだ。

嫌な気持ちを抱えながらセダンの鼻先を見ると、深緑色の車が進路を塞ぐようにして駐まっているのが見えた。佐々木さんの車だ。駐車場内の事故だろうか。寝ぼけまなこを擦りながら目を凝らしてみるが、どうも駆動しているように見えない。明らかに、駐車場の真ん中に駐車しているようだ。

——あいつ、何やっているんだ。

慌ててパジャマを着替え、階段を駆け下りる。一階下のインターホンを押すと、少しして、これまた寝起き顔の佐々木さんが現れた。

「お前、何駐車場の真ん中に駐めているんだよ。誰か知らないが、怒っているぞ！」

安齋さんの言葉にも、佐々木さんはいまいち状況を理解できていない様子だったが、べランダから駐車場を覗き込んで、自身の車が迷惑の当事者であることに気付いたらしい。

大急ぎで車をどかしに走っていった。

後ほど頭を抱える佐々木さんから聞かされた話では、既に一時間以上車で缶詰めにされていた隣の部署の同僚はカンカンだったという。

それはそうだろう。

「いや、俺、ちゃんと駐めたんですよ。何であんなことになっているか分からなくて」

飲酒運転でもしたのではないかという安齋さんの問いに対し、佐々木さんは、とんでもないとでも言うように頭を振った。そもそも、前日は車に乗っていなかったのだという。

おかしなこともあるものだと、その件は終わるはずだった。

しかし。程なくして同様の事件が頻発するようになった。


決まって、雨の日の翌日だった。まるで「邪魔だ」と言わんばかりに、佐々木さんの車が駐車スペースから引っ張り出されるのだ。質の悪い悪戯だろうと事態を軽視していた佐々木さんも、三度四度と続くうちに、表情が深刻になっていった。

既に彼の駐車マナーが悪いと、管理人に対して何通もの苦情が届いているらしく、幾ら弁解したところで、その汚名を払拭することはできそうにもなかった。

「もう、俺、いい加減頭に来ました。犯人を取っ捕まえようと思います」

部屋で酒のグラスを傾けながら、佐々木さんは安齋さんにそうぶちまけた。話によれば、車にタイヤロックを仕掛けたらしい。ベランダの向こう側には、白い街灯に照らされた駐車場が見える。時雨《しぐれ》がアスファルトをぐっしょりと濡らしていた。


翌朝、安齋さんは激しいインターホンで目が覚めた。時刻は午前六時、起床するには少し早い時間だ。寝惚けた頭を無理やり起こしながら玄関ドアを開けると、そこには顔を怒りで赤黒く染めた佐々木さんが立っていた。

「何だよ」

「安齋先輩、ちょっといいですか」

半ば引き摺られるように連れてこられた駐車場。三十五番のスペースに駐めてある佐々木さんの車のフロントガラスが、粉々に砕け散っていた。ボンネットも凹んでいる。まるで、何か重たいものを屋上から落としたかのようだった。

「多分、タイヤロックしたから頭にきたんでしょうね。こんな嫌がらせ、最悪ですよ」

——嫌がらせ？

こんな状態になるほどの大きさの物が落ちてきたとしたら、物音で気付くのではないだろうか。どう思い出しても、昨夜そんな音を聞いた記憶がなかった。

　周囲にも車内にも、原因となりそうな物が見当たらない。

「先輩、大丈夫です。実は、タイヤロックは囮《おとり》で、本命はこっちなんです」

　考え込む安齋さんをよそに、佐々木さんはいそいそと車の中から黒い機械を取り出した。

どうも、ビデオレコーダーのようだ。

「これ、毎晩前と後ろに向けてずっと回していたんですよ。犯人の顔が映るように」

　後で結果を報告しますね。そう言い残し、怒りと笑顔が混ざり合った複雑な表情で、佐々木さんは家へ戻っていった。

　しかし、安齋さんが彼と会うのはこれが最後となった。


　翌日、佐々木さんは出勤してこなかった。

その翌日、またその翌日も姿を現さなかった。無断欠勤ということで、社宅に部署の人間が訪ねたこともあったが、本人を見つけることができなかった。フロント部分が壊れたスポーツカーも放置されている。

　安齋さんも毎日欠かさず連絡を入れ続けたものの、幾ら携帯電話に連絡したところで、留守番電話の応答が空しく流れるだけだった。

暫くして、佐々木さんが退職届を郵送してきたという噂が流れた。結局、社宅に一度も戻ることなく会社を辞めてしまったらしい。

壊れたスポーツカーも間もなくして誰かが撤去したのか、気付けば三十五番のスペースはまた黒々としたアスファルトに戻っていた。


佐々木さんが正式に退職してから一カ月、会社から戻った安齋さんに、妻が一枚の紙きれを差し出した。手紙とのことだが、殆ど走り書きのようなものだった。

そこにはたった一言、まるで何かに怯えるような震える文字で、

『ベランダで飲むのやめたほうがいいですよ。あいつ、見ていますよ』

そう書かれていた。

今でも、それが佐々木さんからの手紙だったのか判断が付かない。ただ、ベランダでの晩酌の習慣は、少なくとも雨の日だけは休むことにしている。

ペットカメラ

大の愛猫家である弓削さんは、自宅で雌のラグドールを飼っている。元々はブリーダーの友人が持て余していた個体をタダ同然で譲り受けてきたのだが、今では猫飼い向けにデザインされたマンションを購入したほどの熱の入れようである。

彼女が譲り受けたラグドールは、元々心臓に大きな病気があり、適切なケアと食事療法が必須だ。そのため、弓削さんは早々にペットの見守りカメラを導入し、少しでも具合が悪い様子を見かけると、慌てて会社を早退して猫の元へ駆け付ける生活を送っていた。

最近販売されているペットカメラは高性能で、カメラで猫を追尾したり、スピーカーで声を掛けたりすることもできる。勤務中にこっそりと猫の様子を確認する瞬間が、弓削さんにとっての癒やしだった。

ところが、コロナ禍で会社が全社員に在宅勤務を命じたことにより、わざわざカメラで覗かなくても、ずっと猫の傍でその姿を愛でることができるようになった。

弓削さんにとっては最高の仕事環境へと変わったのだが、猫のほうはといえば、どうも事情が異なるようだ。普段いるはずのない弓削さんがいることで、生活リズムが崩れてしまった。ストレスによる排尿障害に加え、所構わず嘔吐する癖が付いた。

動物病院に連れていって相談したところ、やはりストレス要因を除去するしか解決の方法はないらしい。仕方なく、生活空間であるリビングダイニングを猫に明け渡し、弓削さんは寝室で仕事をしながらペットカメラで猫を覗くという生活を余儀なくされた。

在宅勤務なら、好きなだけ携帯電話を触ることができる。会社でこそこそカメラを確認していたときとは打って変わって、堂々とカメラをモニターに繋ぎ、常時観察できる環境を設定した。猫は大抵、ソファかキャットタワーで寝ているだけだったが、それでも寝息で上下する姿を画面越しに常時見ていられるだけで、仕事への士気が上がるのだった。

その日は朝から忙しく、まともにペットカメラのモニターを確認できなかった。社用携帯電話は鳴りっぱなしな上、納品書や請求書のメールが大量に届いていた。

会計システムにひたすら数字を打ち込んでいると、猫の様子が気になった。横目でチラリとモニターを確認すると、猫はソファで臍を天井に向けたまま眠っている。

飼い主が多忙なのに良い気なものだと、弓削さんは苦笑した。ただストレス状態も随分落ち着いたようで、少しホッとした。

嵐のような仕事が一段落したのは、最後にモニターを確認してから三時間ほどした後だった。猫はどうしているだろうか。モニターには三時間前と全く同じ、つまり臍天《へそてん》で寝る猫の様子が映し出されている。音量を上げると、ピーピーと鼻が鳴る寝息の音までも聞こえるという熟睡ぶりであった。思わず、顔がほころぶ。画面越しに猫の姿を愛でていると、突然、画面の左端から黒い影がスーッと移動してくるのが見えた。

何だろう。これは。

まるで晴れた空に浮かんだ雲が、地面に影を落とすかのようだった。

モニターの故障かとも思ったが、どうやら違う様子だ。影はふらふらと揺れながら、リビングの床を滑っていく。カフェテーブルの上やテレビボードの周辺をぐるっと回る様子が、まるで家の中を物色しているように見えた。弓削さんが呆然とモニターを眺めていると、影はソファの上を滑り、眠っている猫の上で止まった。

息を呑む。猫は全く気付いていない様子で、ぐっすり寝息を立てている。ふと、猫に落ちる影が段々と大きく、濃くなっていることに気付いた。まるで、何者かが猫を覗き込んでいるようだった。

「駄目！」

思わず悲鳴を上げたが、影はますます濃く大きくなって猫を覆い隠そうとしている。

「何なんだ、お前！　離れろ！」

手元の携帯を音声モードに切り替え、今度は大声で叫んだ。すると、影はまるで人間のようにビクリと大きく震え、凄い速さで部屋の隅の観葉植物の中へと吸い込まれていった。物音一つ立てず、部屋は元の明るさを取り戻した。

大慌てで猫の元に駆け付けると、猫は正に「今起きました」という寝惚け顔でソファの上に座っていた。弓削さんの姿を認めると、大きな欠伸《あくび》を一つした。その呑気な様子に、弓削さんは安堵した。だが次の瞬間、猫は苦しそうに嘔吐《おうと》を始めた。毛玉を吐くのとは全然違う。駆け寄って様子を見ていると、嘔吐し終えた猫は、今度は苦しそうに身体を震わせて昏倒した。何度呼びかけても動かない。弓削さんは半狂乱になりながら猫を掻き抱き、かかりつけでもある犬猫の救急センターへとタクシーを急がせた。

歯槽膿漏《しそうのうろう》が悪化し、脳にまで黴菌《ばいきん》が入っているとの診断結果だった。生きるか死ぬか、五分五分の可能性らしい。何故、そんな急に。

全身の力が抜けた弓削さんは、そのまま病院のベンチでひたすら頭を抱えていた。既に猫は手術室へと入っている。今、弓削さんができることは何もなかった。

数時間ほど経ったのち、術衣を着た医師が神妙な面持ちで近付いてきた。よく見ると、普段からお世話になっている主治医である。彼は「何とか持ち直したよ」と弓削さんの肩を叩いた。弓削さんは再び崩れ落ち、人目も憚《はばか》らずにワンワンと大声で泣いた。

猫は暫く入院となった。仕事場に碌《ろく》に説明もせずに放り投げてきたこともあって、弓削さんは真っ暗な夜道をとぼとぼと家に帰った。時刻はとっくに零時を回っていた。

仕事用の携帯電話を確認すると、着信履歴が百件を超えていた。明朝のことを考えると、胃が痛くなる。思えば、昼から飲まず食わずだ。急に、どっと疲労が押し寄せる。せめて何か食べようと、真っ暗だった部屋の電気を点ける。すると、部屋の隅に何か茶色いものが立っているように見えて、悲鳴を上げた。

目が明るさに慣れてきたら、その正体が分かった。観葉植物がパリパリに乾いて枯れていたのだ。

――家を出るまでは瑞々しくて、とても元気だったはずなのに。

弓削さんが乾いた葉に触れると、まるで土塊《つちくれ》のようにボロボロと崩れた。

「今思うと、あの影の正体は死神だったのだと思います」

幸い、猫の術後の経過は順調そうだが、念の為、弓削さんは監視用のペットカメラを増強したという。

犬小屋

加瀬さんは自身で土建会社を興し、一代で従業員を二十人近く抱える事業へと成長させたやり手の経営者である。土建会社とはいうものの、依頼があると建物の解体業務なども受け持つ、所謂〈何でも屋〉に近い業態で、大きなユンボやクレーンを何台も所有している。少数精鋭で腕は確かな職人を抱えている上、社長である加瀬さんが元来気のいい人間のため、友人価格で依頼を受けることも多々あるという。

今回の話も、そのケースだった。


注文住宅用の土地を購入する際、どこかのタイミングで必ず行われるのが「地盤調査」だ。住宅メーカーの地盤調査では、地中に杭を捻《ね》じ込ませて、どこまで進んでいけるかを確認するというボーリング調査等が一般的である。これは地盤が建物の荷重に耐え、構造物を安全に支持できるか地質学的に調べるのが主目的となる。しかし、ボーリング調査の際、「何か」にぶつかってしまい、杭の侵入が困難となる事案があるという。

その「何か」とは地中埋蔵物だ。

通称「ガラ」と呼ばれるコンクリート片や、井戸、古い下水道管や浄化槽などが一般的だが、大きいものだと地下室や遺跡などが丸々出てきてしまう場合もある。

土地の購入から半年も過ぎてしまえば、これらを取り除くのは買い主の責任になることが大半で、酷いときは、一千万円で買った土地から出てきた埋蔵物を片付けるのに、八百万円以上掛かったという事例もある。

平成の最初の頃までは杜撰《ずさん》な廃棄物処理が許されていたが、割を食う人が続出したため、法律が大きく変わることになった。それほどまでに、地中から何かが出てくるという事例はありふれているのだ。今回の話も、同様の事案から始まった。


その土地は埼玉県某市にある閑静な住宅街の一角に位置していた。都心へのアクセスも容易で、人気が高い場所だ。長年アスファルト敷だった小さい駐車場が売りに出され、その土地を買ったのが、加瀬さんの同級生の鈴木さんだった。

鈴木さんは、元々、自閉傾向が強い息子さんの療育のために支援センターが近く、なおかつ環境が良いところに一戸建てを建てようと土地を探していた。人気エリアで手頃な価格の土地が大手不動産サイトに掲載されたため、彼は飛びつくような気持ちで購入したらしい。

鈴木さんご夫妻は歳を取ってからできた息子さんを溺愛していたため、親子三人、絵に描いたような理想的な家ができるのではないかと、加瀬さんはそのとき思っていた。

鈴木さんが駐車場のアスファルト解体を加瀬さんに依頼したのは、住宅メーカーが行った地盤調査の結果が芳しくない状況だったからだ。

五か所測定したうちの東西南北の四か所に関しては何ら問題がなかったのだが、土地の中央部分にボーリング用の杭を捻じ込んだところ、一メートルも掘らない内に「何か」にぶつかって止まってしまった。

こうなると、そこには何かが埋まっている可能性が高い。埋蔵物の除去だけでなく地盤改良工事も加われば、その価格は天井知らずになる。これから住宅購入もあることで少しでも現金を残しておきたいと、信頼の置ける加瀬さんに依頼がきたのだ。

敷地が狭いこともあり、アスファルトの解体工事は一日で終わる予定だった。

解体工事当日にアスファルトが割られ、その下の地面が露出すると、確かに敷地の丁度中央部分に白っぽい岩のようなものが露出した。周りを掘っていくと、大きなコンクリート片のようなものが埋まっていた。

「ちょっと一旦、作業ストップ。ガラの証拠写真撮っておいて」

加瀬さんは現場に作業中止の指示を出した。現場確認のため、携帯電話で不動産媒介を請け負った会社の担当者と元地主を呼び出すこととなった。ガラの視認と、その処分責任の所在を明確にするためだ。

三十分と経たずに、元地主と媒介会社の責任者が到着した。

この土地を鈴木さんへ売却した元地主の男性によると、そこには元々不動産会社の社屋が建っていたという。その会社の唯一の従業員が失踪し、それに次いで社長まで夜逃げしたことで、「古家付き」で売りに出された。

その土地を更地にする際に、元の建物の処分などを地元の土建屋に一任していたが、その土建屋も既に潰れてしまっている。

埋まっているとしたら、その建物を解体した際に出た瓦礫《がれき》の可能性が高いらしい。

現場に大きめのユンボが到着したこともあり、一気に掘り出しの作業を再開した。露出していた白っぽい物体は大きなコンクリート片だった。その下からパイプ、煉瓦、砕石など多種多様なものが出てくる。やはり、元地主の読み通り、解体の際に出た産業廃棄物をまとめて埋めていたようだ。

掘っても掘っても出てくるゴミを積み上げながらも、中心部を一メートルくらい掘った頃、ユンボを操っていた作業員が手を止めた。

「すみません。ここからだとよく見えないんですが、何か変な物ありませんか？」

加瀬さんはスコップを片手に現場に降りる。すると確かに、今まで出てきたゴミとは違う、三角形の屋根のようなものが見えた。

「まずい、祠かもしれない。一旦、掘削辞めてもらっていい？　ここからは手掘りで」

仕事柄、縁起や験担ぎには人一倍敏感である。下手に神仏に障ったゆえの事故というものを、業界では嫌というほど聞かされてきた。それだけに、神仏の可能性があるのならば慎重に慎重を重ねて対応をしたいところだ。

加瀬さんの掛け声の下、皆で少しずつ土を崩していくと、穴の中央から泥まみれになった木の箱のようなものが出てきた。その場で泥を払ってみると、屋根の部分にうっすら赤い塗装が見える。どうやら祠ではなさそうだ。

「これは、犬小屋か？」

思わず頓狂な声を上げた加瀬さんの声に重なるようにして、部下が大声で呼びかける。

「社長！　まだまだあります！」

慌てて加瀬さんが駆け寄ると、土の中から更に二つ、同じような三角屋根の天辺が顔を出していた。手での掘り起こしには限界があるということで、ショベルカーで慎重に周りを崩していく。一時間後には、九個の犬小屋が顔を出した。

掘り起こした犬小屋は、扱いとしては「ゴミ」なのだが、よく見てみると立派な造りをしている。長い間土に埋まっていたはずなのに形も保っている。犬小屋の上部には鋳物のプレートで名前が書かれており、犬達が大切にされていたことが分かる。では何故こんなものを埋めたのだろう。

その九個の中に一つ、プレートの付いていない小屋があった。それだけは他の八つとは違い、目に見えてボロボロで、ショベルカーが触れた瞬間にバラバラに砕けてしまった。集めた木片の中には、やけに黒ずんだ部分があった。そこにはカタカナで「マエダ」と刻まれていた。

「何でしょうね、これ」

作業員の中で「マエダ」と書かれた木片を回していく。鋳物のプレートに刻まれている名前が「ジョン」だの「チャーリー」だの横文字ばかりなのに、一匹分だけ日本語のカタカナで、しかも苗字なのが気に懸かった。

その木片が東南アジア人の研修生であるアリ君に回った途端、それまで陽気にスコップを回していた彼の動きが止まった。

加瀬さんが急に静かになった彼のほうに視線を向けると、彼は突然、「うわああああああああ」と悲鳴を上げた。顔が真っ青だった。

「堪忍してください！　堪忍してください！」

流暢な日本語で叫び声を上げ、木片を持ったまま滅茶苦茶に手を振り回す。周囲が呆気に取られる中、加瀬さんは自身の従業員の失態に、一気に頭に血が上った。

「お前！　お客さんの前で、何やってんだ、この馬鹿が！」

周囲に加瀬さんの怒声が響いた。

「やめてください、堪忍してください！」

「この馬鹿が、愚図が、何やってんだ！　おい！」

虚を突かれた部下の作業員達は二人の様子を呆然と見つめていたが、取り上げた木片でアリ君を殴り始めた加瀬さんの尋常ではない姿に、慌てて引き離そうとした。

「何やってんだ！　おい。誰が悪いんだ、おい！」

「俺です、俺です！　俺が悪いです！」

元地主さんが寄ってきて、「ちょっとちょっと、いい加減にしてくださいよ」と加瀬さんが握りしめていた木片を取り上げた。

揉み合っていた二人は、それで漸く我に返った。

加瀬さんにとっては、まるで夢でも見ていた気分だった。しかし傍から見れば言葉の拙《つたな》い部下へのパワーハラスメントそのものである。

――これはまずいことをした。今度は青くなるのは加瀬さんだった。

「ごめん、何か頭おかしくなっちゃってた」

そう素直に頭を下げる加瀬さんに対し、アリ君も元の快活な表情に戻って答えた。

「Don't worry, No biggie.（大丈夫です、大したことない）」

二人の間のわだかまりは解けたが、現場はやけに張りつめた雰囲気のまま掘削作業が再開された。

幸いにもそれ以上の産業廃棄物は出ず、あっさりと施工完了まで進んでいった。更地になった土地は鈴木さんに引き渡されたが、新居建築にケチが付くのも悪かろうと犬小屋の一件は伏せられた。

加瀬さんが奇妙な夢を見るようになったのは、解体工事の翌日からだったという。

夢の中で、たくさんの大型犬をけしかける。唸り声を上げ、何かに食らいついている大型犬の輪の中心には、恐怖に顔を歪めるアリ君がいる。

彼は「堪忍してください」と泣き叫ぶが、加瀬さんは笑いながら犬をけしかけ続ける。アリ君の悲鳴は、どんどん大きくなり、最後はボロボロになって動かなくなる。

その夢を見ると、決まって最悪の目覚めとなった。

兎に角イライラして、アリ君を探して虐め倒したくなる。しかし彼は例の解体工事の日以来姿を消してしまい、それ以来一度も出社してこなかった。

加瀬さんは発散できない怒りを悶々と溜め込む日が続いた。

自身のアンガーマネジメントに問題があるのだろうと、カウンセリングに通ったりもした。しかし、夢を見た日には、一日中その怒りは収まらなかった。


だが半年も経つと、徐々にそんな夢も見なくなり、加瀬さんの精神状態も安定してきた。

そんなある日、解体作業を頼んだ鈴木さんから新居完成のお披露目会の報せが届いた。

彼と彼の奥さんとは中学校時代の同級生だったこともあり、お祝いを持って駆け付けた。

しかし新居を一目見て、固まってしまった。やけに閉塞感のある家だったのだ。窓が少なく、外壁もコンクリートだけのシンプルなものだ。建築基準を満たしているのかも分からない。

以前駐車場解体の依頼を受けた際、鈴木さんはマイホームの夢を語っていた。

息子の感性を育むため、光が溢れる木の家を造りたい。庭には奥さんの趣味であるガーデニングができる大きな花壇を造りたい。鈴木さんの趣味である釣りの魚を捌《さば》けるガレージが造りたい。しかし、出来上がったものは真逆の雰囲気だった。

牢獄。そんな印象が過ぎる。

鈴木さん夫婦の様子も、随分変わっていた。

以前は互いが互いを思いやる仲睦まじい様子だった二人だが、今は応対する奥さんがやけにおどおどしている。二人の間には五歳になる息子がいるのだが、その日は最後まで姿を見ることができなかった。

こんなに寒々しいパーティーがあるだろうか。

新築だというのに、屋内はやけに獣臭かった。

鈴木さんの話し方も、やけに横柄に感じた。そんな人間ではなかったはずなのに。

そこから半年もしないうちに、鈴木さん夫婦が離婚したという噂が飛び込んできた。

共通の知人によると、警察が介入したりと大騒動になり、最終的には奥さんと子供がDVシェルターに入ったらしい。

鈴木さんを知っている人ほど、この離婚騒動に仰天した。鈴木さんは家族三人で息子さんが好きな電車旅行をするのが年に一度の楽しみで、病気がちな息子のために長年勤めていた会社を転職してまで時間を作るような人だった。

離婚、しかも家庭内暴力が原因だなんて、到底信じられなかったそうだ。

鈴木さんから加瀬さんに電話が掛かってきたのは、離婚の話を聞いた数日後だった。酒を飲んでいるのか、電話口の彼は呂律《ろれつ》の回らない口調だった。鈴木さんは、少なくとも加瀬さんが知る限りは下戸だったはずだ。

「お前、どうしたんだよ。離婚なんか。家も建てたばかりだってのに」

加瀬さんがそういなすと、鈴木さんはせせら笑うように言った。

「うちの女房、俺がバカ息子を躾けてやってんのに、それを暴力だのギャーギャーうるさくてよ。DVなんて、大袈裟なもんじゃないのに。あのバカ息子、こっちが横通るだけで『やめてください、堪忍してください』ってヒーヒー泣くんだよ、それがおっかしくてさ！」

心底楽しそうに話す鈴木さんの話を聞きながら、加瀬さんは戦慄した。

「『堪忍してください』って、五歳が言う言葉か？　お前、何やってんだよ」

そう言いながら、加瀬さん自身でも嫌な符合に気が付いていた。「堪忍してください」って、確かアリ君も言っていなかっただろうか。挨拶程度の日本語も覚束《おぼつか》ないのに、そういえばやけに流暢に叫んでいた気がする。

電話口の加瀬さんの様子など気にもせず、鈴木さんは続ける。

「でさ、俺さ、今日お前に訊きたいことがあって電話した訳よ」

「何だよ」と問うと、鈴木さんは急に声のトーンを落とした。

「あのさ、お前さ、犬の夢って、見る?」

加瀬さんは慌てて携帯を耳から離して床に放り投げた。スピーカーからはゲラゲラ笑う鈴木さんの声と重なるように犬の鳴き声が聞こえ、ブツンと切れた。


今もその家は建っており、鈴木さんは普通に暮らしているという。

最近、たまたま加瀬さんが例の家近辺で工事があった際、近所の老人から鈴木さんの様子を耳にした。

どうも鈴木さんは新しい奥さんを貰ったようだった。ただ、見るたびに痣が増えていくような気がするが、そのことを上手く言葉にできない彼女から、家の中の様子は窺うことはできなかった。

最近は姿すら見なくなったという。

でも、気になることがあるんだ——。老人は声を顰《ひそ》めた。

「あのコンクリの壁の内側から、夜中になるとたくさんの犬の鳴き声が聞こえてくるんだ。近所中が不気味だって噂しているよ、あの家は動物なんて飼っていないくせにさ」

そう吐き捨てる老人に、加瀬さんは何も言えなかった。

気を付けろよ

「あのときの北陸旅行さ、誰が行こうって言い出したんだっけ」

仲間内で昔の話が始まると、時々思い出せないことが出てくる。皆確かにその場にいたはずなのに、どうやって決まったかが、記憶の彼方で曖昧になってしまっているのだ。

「俺が行こうと言い出したんだよ。北陸なら東尋坊だって。よく分かんないけど、あのときは俺が自信満々で言ったんだ。それにお前らが乗っかったんだ。積立金は最初から旅行に使うって決まってたからさ」

館さんはそう答えた。仲間はまだ曖昧な顔をしていたが、どうやら何かを思い出したようだ。

「お前、本当にあのとき死ななくてよかったなぁ――」

みつおがそう言った。

かれこれ十六、七年前の話になる。

館さんの出身は甲府の近郊だ。その地元で無尽の例会があった。無尽とは山梨の一部地域で行われている風習のことだ。地元の結びつきが強い山梨では、特定のメンバーで集まって飲み会や食事会をする。このときに、供託金を集め、積み立てるのだ。

館さんの感覚では、地元で十人に六人くらいは何らかの無尽に参加している。

当時、彼の参加していた無尽は、八人のグループだった。毎月の定例会のときに、飲み食いのための会費以外にも積立金を集めており、それが一定額貯まると、その資金でグループでの旅行に出かけていた。

ただ、行き先は、年一度巡ってくる担当が好きに決めていいのだ。

その年の担当は館さんだった。

彼は東尋坊に行きたいと主張した。

「東尋坊って、あれだろ。福井県だっけ。石川県だっけ。何かそっちのほうだろ。何でそんなところに行きたいのよ」

「いや、特に理由はないんだけど、昔から行きたかったんだよ。でも俺の仕事だと、なかなか旅行とか行けないからさ、これを機会に行っておこうと思って」

「いいよいいよ。今年はお前の番だから、行き先は好きに決めろや」

特に反論もなく、行き先はその場でスムーズに決まった。

「なぁ、東尋坊って、飛び降り自殺の名所なんだろ」

無尽からの帰り道でのことだ。

一緒の方向のみつおが口を開いた。二人はもう二十年来の付き合いになる。

「――あぁ。そうらしいな」

東尋坊は海に向かって聳《そび》え立つ断崖で有名な観光名所だ。福井県の北側の日本海に面した位置にある。あと十キロほど行けば石川県との県境だ。

「お前さ、本当に大丈夫か。ここ最近変だからよ」

みつおは館さんをじっと見た。


「お前とは、毎日のように夕飯食いに行くだろ」

みつおが切り出した。

館さんが彼の家に誘いに行くのは昔からのことだ。

「じゃあ出かけようぜ」と館さんからドライブに誘う。ドライブの途中でふらりと店に寄って夕飯を食べるというのが二人のいつものスタイルなのだ。ただし、運転はいつもみつおの担当だ。

みつおは館さんに行き先を訊き返すことはしない。基本付き合いのいい男なのだ。特に用事が入っていなければ、館さんの誘いに毎回乗ってくれる。

半年ほど前までは、ドライブついでに食事をして、街の中を流して終わるというような感じが定番だったが、それがいつの間にか、食事前に館さんの希望する行き先が変わってきたというのだ。

「お前さ、最近自分がどこに行きたがっているか分かってるか？」

みつおの問いに、館さんは馬鹿にするなよと答えた。

だが、実際にどう答えていいか分からない。

戸惑っていると、みつおがやっぱりな、と言った。

「お前さんさ、最近はずっと人が死んでいる場所に行きたがってんだよ。あと、友達にもそういう話を聞きたがってるだろ」

「あれ、そうか？　別にそんなことないだろ。普段通りだろ」

「違うよ。前と違ってんだ。昨日だって樹海を流してたら、ここだここだって、車から降りちまったじゃねぇか。俺は怖いの苦手だから降りなかったけどよ」

「――」

「前は樹海なんかに好んで行かなかっただろ。だから、何かおかしいぞって思っていたんだ。あと生々しい現場に行きたがるのは何故なんだよ。普通、出かけるってなったら、テレビとかでやっているところに行きたがるじゃんか。何であんな変なところに行きたがるんだよ。誰も知らないような山の中とか、湖のほとりとか、ボロボロの廃屋とかさ」

みつおは別段一緒に出かけること自体に文句がある訳ではない。ただ、最近は目に余るから、心配しているのだと補足した。

「——何でかな。全然分かんねぇ」

館さんは自分の手が震えているのに気が付いた。

何故自分は怖がりのみつおに運転させて、そんなところに出かけているのか。

「あとお前って、助手席に乗ってて、この辺なんかあんじゃないかなぁってブツクサ言いながら、物色するようにキョロキョロ眺めたりしてるのも気付いてるか？　お前がそんなこと言い出すと、すぐに目撃者求むとか、死亡事故発生現場とか、そんな看板が出てくんだよ。あれは行く前にいちいち調べてんのか？」

「——いや、全然調べてない」

指摘されるまで、全く自覚がなかった。恐らく感じやすい時期なのだろう。自分でも行きたくて行っている訳ではない。こんな感じじゃないか——で、導かれるように現場に辿り着いてしまうのだ。

そう説明すると、みつおは心底心配そうな目で館さんを見つめた。

「館よ、変なこと言うようだけど、お前さん、今度の旅行では本当に気を付けろよ。下手すると――死ぬぞ」

結局、旅行は東尋坊だけ行くのは勿体ないということで、北陸の近隣をぐるりと観光するルートになった。館さんだけではまとめられなかったため、無尽のメンバーが力を貸してくれた。

甲府から東尋坊は、途中の日本アルプスを迂回する必要がある。だからどんなコースを使おうが、基本的には時間が掛かる。今回は旅行なので、自分達で運転することは避けたい。そうなると金沢で泊まろうが福井で泊まろうが、余り変わらない。

どちらが観光地として魅力かといえば、そこはやはり金沢だろう。兼六園も回りたいし、名物の寿司だって食べたい。なのでホテルは金沢に取ることにした。そこから近隣へはレンタカー二台で分乗すればいい。

初日は移動日だ。特急と新幹線を乗り継いで金沢へと向かった。

二日目は予定通り朝から東尋坊へ向かう。その後で丸岡城と永平寺を観光するというコースだ。金沢でレンタカーを借りて北陸道を走り、加賀インターチェンジで降りた。

東尋坊。

国の名勝にして天然記念物でもある断崖は、柱状の岩が連なって、壮大とも壮絶ともいえる光景を生み出している。

東尋坊タワーの下の駐車場に車を駐めた。そこから遊歩道を歩く。

松の間を抜けていくと下りの階段があり、その先に海が見えた。

崖側の細い遊歩道を辿っていくと、崖側に柵が設えてあり、「文学のふるさと東尋坊」という説明板があった。

それにしても海からの風が強い。荒々しく打ち付ける波面まで、二十メートルを超すという高度らしい。もし足を滑らせたら、断崖を海面まで転がり落ちるのだろう。勿論無事では済まない。

「館よう、あの公衆電話って――」

みつおが怯《ひる》んだような声を上げた。

以前から東尋坊には、自殺を止めるために「救いの電話」があるという話は聞いていた。階段の途中に佇むように建っている電話ボックスは、自殺しようとする人に対して、引き返せるようにと用意された、最後の命綱だ。

ここから先には、剥き出しの断崖しかない。

館さんとみつおの二人で、公衆電話ボックスの中を確認した。

緑色の電話の上には、名刺ケースに十円玉が五枚置かれている。他にも聖書や煙草の箱、ライターなどもある。

「これ使って、電話掛けてくれってことだよな」

「ああ。そういうことだろうな」

遊歩道をぐるりと巡り、一通り断崖の様子を確認した。

「そんじゃ、何か土産物屋とか見るか。俺トイレ行きたくなっちまったからさ」

みつおが館さんに声を掛けた。

「ああ、そうだな。ちょっと先に行っててくれ。もうちょっと奥見てくるわ」

館さんには、どうしても崖の先端を見てみたいという衝動が押し寄せていた。

みつおが土産物屋のほうに向かっていくのを確認して、館さんは遊歩道から岩場のほうへと足を踏み出した。

三方向を断崖に囲われたこの場所は、大池というらしい。

一人で崖の突端まで進んでいく。

今までに経験したことのない岩場だ。波の砕ける音が耳に届く。もし足を滑らせたら一巻の終わりだろう。

しかし、注意深く足を運んでいけば、かなり先のほうまで行ける。足場に注意しつつ先へ先へと辿っていく。

突端で中腰になり、下を覗き込んだ。

岩と波が視界を埋めつくす。

波が揺れるからだろう。吸い込まれるような感覚がある。もし、ここで背後から突風が吹いたなら——。

きっとなす術もない。

そのとき、背後から誰かが近寄ってきたような気がした。

音は風にかき消されて聞こえない。

気のせいではない。どんどん近付いてきている。ずっと何か話している声が聞こえる。

その声は段々大きくなり、すぐ背後に立った。

館さんは振り返った。

誰もいない。

やはり気のせいなのだろう。

それから五、六分の間、断崖の天辺から、岩に打ち寄せる波を眺めていた。

今日がいい天気でよかった。

もし悪天候なら、こんなに落ち着いて海を眺めることもできなかっただろう。

すると、今度は背後で聞き覚えのある声がした。

振り返ると、みつおと無尽のメンバーの一人がこちらを見ている。

「何やってんだよ」とは言うが、岩場までは近寄ってこない。

「館よう、早く帰ってこいよ。そんなとこでいつまでも何やってんだよ。危ねぇだろ」

「いや、ここ下がすげえからよ――」

そう言って海のほうに視線を向けると、真横に見知らぬ人が立っていた。

小柄で丸顔。黒っぽい服を着ている。そこまでは分かる。

性別が分からない。年齢が分からない。手や足がどこにあるか分からない。

館さんは、これは生きている人間ではないと直感した。

目が回ったときのように、くらりと視界が揺れた。片膝を岩に突いてバランスを保つ。

「――覚悟はできましたか」

丸顔が言った。女の声か。それとも男か。声でも性別が分からない。

そのとき、断崖の下から海風が突き上げた。

まずい。まだ視界がクラクラと回っている。身体が言うことを聞かない。このままだと落ちる。

――まだやり残したこともあるんだぞ！

海側に身体が持っていかれそうになったそのとき、館さんは岩場に引き摺り倒された。

衝撃と痛みで正気に戻された。

「何やってんだよ、マジでさ」

みつおが不満そうな声で言った。

「俺達、十分以上声掛けてたんだぜ。他の奴らもずっと待ってたんだぞ。早く飯食いに行こうぜ――」

館さんは「おう」と答えた。立ち上がると、カクカクと膝が笑っていた。

「マジでこの野郎、東尋坊に死にに来たんじゃねぇかなと思ったんだぜ」

そう言ってみつおがジョッキを空にした。

金沢の寿司屋で、今日の反省会だ。

結局時間が足りずに、永平寺までは行けなかった。丸岡城を見た時点で、金沢まで帰って食事をする時間に間に合わないと判断したためだ。

「館の野郎が、何か崖のとこで揺れているからさ、危ないからこちらに帰ってこいって何度言っても、全然聞く耳持ってないんだよ。だから俺が走っていってさ、すっ転ばしてもいいから兎に角落ちないように抱きしめてさ、岩場に身体を押し付けた訳」

確かにみつおの言う通り、あのままだと落ちていた。

「で、この男が何て言ったかってよ、〈いつまでも抱き付いてんじゃねぇよ、気持ち悪い〉だよ。助けた甲斐もねぇよなぁ――」

館さんは、東尋坊の断崖から戻るときのことを思い出していた。

戻ってくるときに、もう一人誰かいたはずだ。

最初に声を出していた奴だと思う。

そいつから、付いていっていいですかと、耳元で言われたのだ。

何のことか分からなかったので、空耳だと考えて無視していた。だが、もしかしたら、それが今も憑いているということだろうか。

翌日は兼六園を見てから戻った。旅行中は特に何かが起こったとか、体調が崩れたということもなく、無事に帰宅することができた。

だが、問題は旅行から戻って一週間ほどしてから現れた。

風邪っぽかったり、ものもらいが出たり、関節痛が出たりと、どれもそう重大な不具合ではないが、それでも気持ちが悪い。

最初は旅の疲れが出たのだろうと考えていたが、ある日、夕食を食べに出かけている途中で、みつおから指摘を受けた。

「お前気を付けろよ」

「何がだよ」

「お前、北陸旅行から戻ってきてからおかしいんだって。同じことを何度も何度も繰り返し言うしさ、それも訳の分からないこと言うんだよ。あと、昼間も変なところに行ったりしてるだろ」

言われてみれば、やたらと高い場所に登りたくなったりする。

深夜に峡谷に架かる吊り橋の上で、下を覗いて我に返ったことも一度や二度ではない。

——あの声の主か。

だが、彼はお祓いにも行かずに過ごした。今となってはそれも理由が分からない。

その後、半年ほどの間、館さんの体調は思わしくなく、さらに仕事絡みや友人絡みでトラブルが続き、周囲の人間関係がぐちゃぐちゃになってしまった。

その影響もあって、自暴自棄な時期が続くことになる。

彼は人生でどん底の時期だったと述懐する。

ただあるとき、高熱で生死の境を彷徨《さまよ》って以来、おかしな感じは消えたらしい。

今となっては、何故あのとき、東尋坊に行こうと決めたのかもよく思い出せないという。

甲府在住のタクシー運転手の田久保さんは、いつも病院通いの際に指名してくれる常連の辻方さんから、長距離を乗せてほしいのだと連絡を受けた。

田久保さんの勤めるタクシー会社では、指名を受け付けている。迎車の電話予約の際に、運転手を指定できるのだ。辻方さんは足を悪くしており、週一の病院通いに毎度タクシーを利用している。いつからだったか、辻方さんに気に入られ、もう十年も〈指名乗り〉をしてくれている。

「明日？　いつもの病院じゃなくて、長距離ですか」

「そうなのよ。急なことだしこの足でしょう。うちの人が生きていれば、運転していってもらうのだけど、今はちょっと行くというのも大変ですから。お金は掛かってもいいから田久保さんに頼もうと思って」

他にも、事前に大体幾ら掛かるかも教えてほしいとの要望だった。行き先を訊ねると、甲府から宇都宮までだという。

「その距離だと、電車のほうが圧倒的に安いですよ？」

高速道路を利用しても五時間以上掛かる距離だ。予算も十万円を超えることはないだろうが、それが往復ともなると、相当な金額だ。

「いいのよ。電車だと荷物を持って帰ってこられないから。だから田久保さん、連れていってくださいな」

往復で丸一日掛かるが、長距離は美味しい仕事だ。

「ところで、宇都宮のどこに行くんですか?」

まさか餃子を食べに行くっていうのじゃあるまい。

そんなことを考えていると、辻方さんの教えてくれた目的地は、町外れの斎場だった。

「ごめんなさいね。こんなの気心の知れた人にしか頼めないことなのでね。息子の遺品とか、色々持って帰ってこないといけないの。帰りにトランクに乗せてくださるかしら」

そうか。息子さんがあっちで亡くなったのか——。

今の話からすると、彼には配偶者がいた訳でもないようだ。

孤独死か自殺か、突然死か。辻方さんにとっても寝耳に水のことだったのだろう。

そんな中で気丈にも息子さんの遺骨を引き取りに行こうというのだ。

「恐らく片道に五時間以上は掛かるでしょうから、朝七時に出ても昼過ぎに着くことになります。あちらで色々と手続きを済ませたら、終わり次第戻ってくるっていうのでいいですかね。おおよその料金の見積もりについては折り返して連絡します」

「ありがとうございます。田久保さんには本当に御迷惑を掛けてしまうけど、よろしくお願いしますね」


翌朝七時に辻方さんの家に横付けすると、喪服を着た彼女が姿を見せた。杖を突いているので、後部座席まで誘導する。

「よろしくお願いします」

「はい。こちらこそよろしくお願いします。今日は長丁場ですから、できるだけ楽にしてくださいね。あと何か気分が悪くなったりしたら、すぐに言ってください」

こんな長距離を移動するのは、辻方さんにとっても久しぶりだろう。

途中首都高を通ったときに渋滞に引っかかったが、それ以外はスムーズに移動することができ、目的地には昼過ぎに到着した。

「待っていてくださいますか」

辻方さんは遺骨を引き取り、次に息子さんが住んでいたアパートの管理会社に向かった。

そこで旅行鞄二つ分ほどの私物を保管しているという。他のものは既に業者によって整理されているらしい。

足の悪い辻方さんの代わりに田久保さんがトランクまで荷物を運んだ。

「ありがとうございます。親の私が生きているのだもの。せめてやってあげられることはやってあげないとね」

田久保さんは男性で、子供もいない。

だから、自分の産んだ子供が自分より先にこの世を去ってしまう悲しみについてはよく分からない。しかし、それは他に類を見ない悲しみなのだろうという想像は付く。

帰り道は、異様な振動が車体を襲い続けた。高速道路を走っていると、外から何人もの人の手によって揺すられているような感じがするのだ。

最初は横風かと思ったが、そうではない。時速一〇〇キロ近い中で、車体が押されている。

後部座席が揺れているのが分かる。

あ、今浮いた。

右の後輪が一瞬浮いたのが分かった。背筋が冷たくなる。

後続の車両からはどう見えているのだろう。兎に角事故だけは起こすまい。

バックミラー越しに見える辻方さんも、後部座席で骨壷を抱きながら身を縮めている。

ずっと小さく念仏を唱えているようだ。

必死にハンドルを握り続け、日付が変わる頃に甲府まで戻ってきた。

トランクから荷物を運び、玄関に置く。

「それでは、本日はお疲れ様でした」

「いえいえ、ありがとうございました。田久保さん、お茶でもいかがですか」

田久保さんは、ずっと運転で神経を使っていた。疲労が酷かったこともあり、早く帰って休もうと、その誘いを遠慮した。

「いいですいいです」

「いいから飲んでけっ！」

遠慮する言葉に被さるようにして、男の声が響いた。

今のは誰の声だ。

辻方さんは独り暮らしのはず。

「誰か奥にいらっしゃいますか？」

辻方さんは青い顔で首を振った。声が聞こえたのだろう。

タクシーに戻り、本部に連絡を入れて、次の日を休みにしてほしいと要求した。しかし、本部の返事はつれないもので、一日休日は無理とのことだった。

帰宅して風呂に入り、酒を飲んで寝ちまおうとビールを空けた。

布団に入って、うつらうつらしていると、恫喝するような野太い声が響いた。

「おい、何で飲まないんだよっ！」

思わず立ち上がる。先ほど辻方さんの家の前で聞いた声だ。

何か拾っちまったのか。いや、昼間のことを考えると、斎場で拾ったか、辻方さんの息子さんかもしれない。

何か続きがあるかと思い、暫く様子を窺っていたが、結局眠さに耐えきれずに寝てしまった。


翌日、田久保さんは、乗せた客から次々に指摘を受けた。

この車、サスペンションおかしいんじゃないですか。

すげぇ揺れますよね。

タイヤの空気入ってますか。

そんな指摘が一日中続いた。何度確認しても車体には問題はない。だが、酷く揺れるのは確かだ。昨日の高速のときと同じだ。何かがまだ乗っているのだろう。

最後のお客さんを乗せた後で、早仕舞いを決意した。

後部座席に、見たことのない男がずっと乗っていることに気付いたからだ。

男は、車庫に着く寸前まで後ろに乗っていた。


翌週、病院通いのために、辻方さんの家まで迎車で行った。

だが、彼女がなかなか出てこない。

心配になったので玄関まで足を運び、大丈夫ですかと声を掛けると、上がっていってくれないかと返事があった。

挨拶をして上がり込むと、玄関の横の居間に祭壇があり、その上に遺影が載っていた。

ああ。この間の男だ。そうだろうなという予感はあったが、その予感は的中した。

「この方、僕の車に乗ってましたよ。引き取りに行ったからかな」

「まだ、息子はここにいるんですかね」

「——四十九日の前でしたら、そうかもしれませんね」

男はそれからは出なくなった。

ただそれ以降、折を見て田久保さんは迎車の際に線香を上げるようになった。

それは辻方さんが亡くなるまで続けられた。

いじめっこ

幼い頃の田無さんは、随分癇《かん》が強い子供だった。

彼女にとっての最初の記憶、物心が付いた二歳児の頃に最初に覚えた感情が「むかつく」なのだから筋金入りだ。

「兎に角、自我が芽生えてからというもの、常にイライラしていました。両親は、良く言えば優しく、悪く言えば気弱なタイプで、常に私のわがままを受け入れてくれたのを覚えています」

自身の日々を一言で表すなら、常に「渇求《かっきゅう》」に喘ぐ状態なのだという。

何か一つ望みが満たされると、すぐにムクムクと次の渇求が頭を持ち上げる。それは食欲、排泄欲、睡眠欲とおよそ赤子が最初に覚える渇望から始まり、年を経るごとに物欲や独占欲、承認欲求など様々な欲望が頭をもたげた。そして田無さんが五歳の頃、彼女の下に妹が生まれたことによって新たに「支配欲」が生まれたのだという。

そして支配欲は、妹への苛烈な「加虐」という形で表出してしまった。

「自分でも、どうしてこんな気持ちになるのか分かりませんでした。妹は小さくて弱々しくて可愛い存在だったのに、その姿を見ると、途端に虐めたくなってしまうのです」

今考えれば、最初はなにがしかの反応を期待しての行動だったのかもしれない。ベビーベッドで眠る妹のおでこにデコピンをしたり、足の裏を亀の子たわしで擦ったり、掌をマチ針で刺したり、熱い飲み物が入ったマグカップをお腹に押し当てたり、考えつく限りの「痛いこと」が、親の目を盗んで行われた。

妹が歩きだす頃には、その仕打ちは更に過激さを増していった。「おさんぽ」と称して頻繁に外へ連れ出しては、近くの田圃へ突き落としたり、高いジャングルジムや木の上に登らせて置き去りにしたり、農家の納屋や防災倉庫へ閉じ込めて放置したりと、虐待の限りを尽くした。

田無さんの両親も、妹の生傷が絶えない理由が姉の暴力にあるとははっきり認識していたはずだが、それを敢えて窘《たしな》めたり妹を田無さんから引き離したりするようなことはなかった。そんな気力を削ぐほどに、田無さんの癇癪《かんしゃく》は強烈だったのだ。

田無さんが十二歳になった年のことだ。

その頃の彼女は小学校の中でも自身の気の強さと元来の頭の良さを遺憾なく発揮し、三十人のクラスメイトを完全に掌握していたという。当時、田無さんは私立中学受験を控えており、常に爆発寸前の苛立ちを抱えていた。同じくクラスメイトの中には数名の受験生がおり、クラスの中でも浮いた存在の児童を虐めることで、日々の鬱憤を晴らしていた。

しかし、田無さんのイライラは収まるところを知らなかった。

下校後は、その捌け口が自然と妹へと向いた。当時八歳だった妹は暴虐の限りを受け続けた結果、すっかり口数の少ない大人しい子供になっていた。姉の姿を視界の端で捉えるだけで、怯えて足が竦んでいた。その硬直した姿が余りにも愉快で、田無さんはすれ違うたびに妹を小突いていたそうだ。

田無さんと妹は同じ小学校に通っていたので、在校中も顔を合わせることが度々あった。本当は学校の中でも虐めてやりたいという気持ちはあったものの、妹は口数が少ない割に人望に篤く、常に数人の友人に囲まれていたため、近付くことができなかった。

実際、妹の通知表も成績面は振るわないものの、生活態度や情緒の発達については満点に近かった。成績は優秀であっても、「反抗的」「協調性がない」「情緒が不安定」と書かれてしまう田無さんとは真反対だった。両親も口では田無さんの頭の良さを誉めそやすものの、心の底では育てやすく優しい気立ての妹のほうをより可愛がっているという事実にも苛立っていた。

その日の田無さんは、前日に返却された塾の模擬試験の結果が、あと少し志望校へ届かなかったこともあり、朝から癇癪を抱えていた。折しも中学受験仲間達も同様であったため、何人か連れ立って、鬱憤を晴らせるものはないかと物色したのだという。

丁度時間は昼休み。仲間達と連れ立って飼育小屋へと歩いていくと、四畳半くらいの檻の中で、兎が十羽ほど固まって眠っているのが目に入った。

普段は檻へと続く小屋の扉に南京錠が掛かっているのだが、その日に限っては見当たらなかった。恐らく、朝に餌をあげた飼育係が鍵を掛け忘れたのだろう。田無さん達は目を合わせて、こっそりと中へと忍び込んだ。

その辺の雑草を摘まんで、金網の隙間から兎へと差し出してみるが、鼻をひくつかせるだけで田無さん達の傍へはやってこない。苛立って金網を揺らすと、今度は怯えた様子で檻の隅へと身を寄せてしまった。

思い通りにならない。むかつく。むかつく。むかつく。

田無さんは足元に落ちていた小石を拾い上げると、団子になっている兎目掛けて勢いよく投げつけた。小石はスピードを保ったまま、白い兎の背中に命中した。石がぶつかった兎は、ピーッと甲高い鳴き声を上げて他の兎の背中を駆け上った後、滑り落ちてひっくり返った。その様がおかしくて、田無さん達はゲラゲラと笑った。

続いて、二投目、三投目と小屋の中には小石の雨が降る。兎の逃げ惑う音と田無さん達の笑い声が重なり合い、「盛り上がり」が最高潮に達したときだった。

「こら！　何をやっているんだ、馬鹿者どもが！」

突然の怒鳴り声に、田無さん達は驚いて固まった。見れば、教頭先生が憤怒の表情で迫ってくる。入り口が一つしかない小屋から逃げ出す術もなく、田無さん達は現行犯ということで校長室へ呼び出され、こっぴどく叱られた。

「お前達のような性根の腐った人間が中学受験なんて、勘違いも甚だしい。きちんと反省するまで、お前達の通知表は全部1にしてやる」

校長先生の脅しに屈して友人達は泣きながら謝罪をしたものの、田無さんだけは決して頭を下げなかった。結局、両親を呼び出され説教された上、反省文まで書かされてしまう始末だった。家に帰ったときの田無さんのイライラはピークに達していた。

「ねえ、ちょっと。夜のおさんぽしようよ」

田無さんの表情から何かを察したのか、妹は俯いたままブルブル震えた。

時刻は午後九時。いつもより少し遅い夕食を摂った後、嫌がる妹を無理やりに公園へと連れ出す。両親は確かに家を出る姉妹を見ていたはずなのに、やはり何も言わなかった。

そのことが、少し田無さんのささくれた心を慰めた。

家から徒歩五分の児童公園も、この時間には誰もいない。

田無さんは「スパイごっこ」と称して、逃げ惑う妹へ石をぶつける遊びを始めた。涙を流しながらも、妹は文句の一つも言わず無言で逃げ続ける。背中、腕、足へと田無さんは石をぶつけていく。皮膚が裂け、血が滲んでも、その加虐は終わらなかった。

今度は頭を狙ってみようか。

一際大きい、握り拳くらいの石を持ち上げたとき、急に背後から声が聞こえた。

「お嬢ちゃんには蛇が憑いているな」

それが思いのほか大きな声だったため、田無さんは思わず飛び上がってしまった。

慌てて振り返ると、ホームレスのように襤褸《ぼろ》を纏《まと》った高齢の男性が背後に立っている。

「え、あの。どなたですか」

「そして、あっちのお嬢ちゃんにはネズミが憑いている」

田無さんの問いかけを無視して、老人は、今度は妹のほうへと向き直った。

訝しげな様子で、妹が近寄ってくる。今まで暗くてよく見えなかったのだが、いつの間にか妹は血と泥で酷い有様になっていた。このまま帰ったら、流石に両親に咎められそうだ。それなら、この老人が、不審者が妹を襲ったことにしたらどうだろうか。一瞬でそこまで考えた田無さんは、注目を集めるため、わざと大きな声で老人を挑発した。

「何なんですか。痴漢はやめてください。妹に酷いことしないで！」

たまたま公園の横を通った人が、足を止めてこちらを見ている。目論見《もくろみ》通りだ。しかし老人は少しも意に介さず、何だか妙に納得するような声を上げたそうだ。

「ああ、なるほど。こいつは、痈の虫だ。痈の虫が、大蛇になったのか」

そう言うと、今度は物凄い速さで田無さんへ近付き、口の中に拳を突っ込んだ。

思わぬことに目を白黒させ、状況を理解できた途端、今度は思いっきり叫び声を上げた。しかし、口の中に拳を突っ込まれている手前、くぐもった叫び声にしかならない。口の中に、苦みと酸味が広がる。垢と泥の味だ。妹に助けを乞おうと横目で睨みつけるが、妹も状況が理解できないのか、ポカンと口を開けたまま呆けたように立っている。

「よし。見つけた、これだ」

老人はそう言うと、田無さんの喉の奥からずるんと何かを引っ張り出した。

嘔吐するような感覚に、思わず視界が潤む。そんな彼女の様子など気にもせず、尚も男性は喉の奥から灰色の何かをずるずると引っ張り出していった。それはアルミ缶くらいの直径で、長さは一メートル以上はあった。

おぐっ、おぐっという田無さんのえずく音、そして老人が灰色の何かを引っ張り出すずるずるという音だけが響く。

永遠の時間のようだったが、正味十秒ぐらいだったのだろう。老人が思い切り腰を入れて引っ張ると、ずぽっという音とともに田無さんから「何かが」抜けきった感覚がした。

それと同時に、今度は砂を蹴る音が近付いてくる。

「おい、何やっているんだ！　その子から離れろ！」

突然の怒声に驚いてそちらを見遣ると、サラリーマン風の男性が鞄を振り回しながらこちらへと走ってくる。先ほど、路上でこちらを見ていた男性だろうか。

その瞬間だった。そちらに気を取られた老人の腕から、灰色の管のようなものがずるりと逃げ出したのだ。そのまま田無さんの横を通り過ぎ、ポカンと口を開けたままだった妹の身体を這い上がると、そのまま喉の奥へシュルシュルと身を隠してしまった。

「ああ、何ということだ！　この馬鹿が！」

老人は走ってきた男性から鞄をもぎ取ると、それを男性の顔目掛けて投げつけた。丁度金具の部分が当たったのか、男性の鼻からは勢いよく血が噴き出ている。

「おい、ネズミの子。こっちに来い！」

老人が妹へと手を伸ばす。しかし、今度はそれを男性がタックルで吹き飛ばした。

「君達、早く逃げなさい！　警察を呼んで！」

そのまま取っ組み合いを始めてしまった男性二人を置き去りにしたまま、田無さんは妹の手を取って駆け出した。怖くて怖くて堪らなかった。妹も同じだろうか。ふと見れば、血と泥に塗れたまま妹はうっすらと笑みを浮かべていた。思わず、立ち止まる。

「ねえ、大丈夫？　さっき、変なものを飲み込んじゃったでしょ」

苦しくないか。そう言いかけて、言葉に詰まった。妹を心配する気持ちが湧いたのは、人生初だった。その妙にざわめく心の変化に対して、田無さんは更に恐怖した。

「あんたさ、誰の心配してんの」

思わず固まってしまった。今の言葉は誰が言ったのだろう。まさか。田無さんを見上げるようにして、妹は意地悪そうな笑みを浮かべている。

「あんたさ、分かっているよね。これからの自分を心配したほうがいいよ」

そう言うと、田無さんを置き去りにして妹はスタスタと歩いていってしまった。およそ、小学三年生の言葉遣いではなかった。

それからだった。田無さんと妹の性格が逆転してしまったのだ。

「私はあの晩から、全ての存在が怖くて、もう夜一人で寝られなくなってしまったんです」

今までの「渇求」は全て消滅し、誰からも害されたくないという恐怖心が田無さんを内向的な性格へと変えていったという。対照的に、今度は妹のほうが、人が変わったように攻撃的な性格になっていった。

「妹は小学生だというのに、万引きや放火、器物損壊、そして傷害とあらゆる悪事を行い、中学生のときにいじめで同級生を殺して家裁送りになりました」

今は少年院を出て、実家に身を寄せ、暴虐の限りを尽くしているのだという。

「私の両脚は、妹がバットで叩き折りました。でも、妹は良い子なんです。元々は私が悪いんです。蛇が、妹の中のネズミを食らって、更に大きくなってしまっただけなんです」

田無さんは嗚咽《おえつ》を漏らしながら、車椅子の車輪を延々と撫で続けた。

心労で両親が相次いで首を括った家で、今も田無さんは妹と二人で暮らしている。

呪い

ある夏の晩、真夜中に加瀬さんの家の電話が鳴った。こんな時間に誰だろうと思いながら受話器を上げると、小学校のときからの友人である田中さんからだった。

彼は開口一番に、こう言った。声が震えていた。

「なあ、猫に呪われているんだ。誰か、詳しい人を知らないか」

思わず「何だそれ」と加瀬さんが苦笑すると、今すぐ詳しく話したいからと、深夜営業をしている地元のハンバーグチェーン店に呼び出された。

店に到着すると、既に席に着いていた田中さんは憔悴しきった顔をしている。「寝惚けたのか？」と茶化そうと思っていた言葉を、加瀬さんは呑み込んだ。普段の田中さんからは想像ができない。彼は割と軽薄なタイプなのだが、その分陽気で人懐っこく、周りからも可愛がられる手合いの人間だ。しかし今は、どんよりと影が落ちたように、陰鬱《いんうつ》な表情を浮かべている。

一体全体、猫に呪われているとは、どういうことだ。

そう問いかけると、田中さんは頭を抱えながら「実は一週間前にさ」と切り出した。

田中さんは神奈川県在住で、普段は都内勤務のために電車通勤をしている。自宅から最寄り駅までは自慢の赤いスポーツカーで向かい、月極駐車場に駐めるのが恒例だった。

先日、金曜の夜に、彼は上司の誘いを断りきれず、仕事帰りに酩酊《めいてい》状態で車に乗った。彼の住む地域は、住宅エリアということもあって、飲酒検問は滅多にない。

それもあって、田中さんにとっては、週末の飲酒運転は半ば常態化してしまっていた。

時刻は零時を回っていた。アルコールで気分は高揚しており、運転しながら何か音楽を聴こうかと携帯を弄ったときだった。タイヤから、ペットボトルを踏んだような感触と音が伝わってきた。

何を踏んだのだろう。

嫌な予感がした。一時停止の標識の下でハザードを点け、車両の状態を確認したものの、フロントバンパーには特に傷も付いていない。気のせいだったのだろうか。

釈然とはしなかったが、気を取り直して運転を再開する。飲酒運転の後ろめたさもあり、下手に停まっていて警察に声を掛けられたくないという思いもあった。

翌日は二日酔いで寝坊したが、田中さんは休日の日課のジョギングのために家を出た。駅まで車通勤で使っているのと同じコースが、彼のジョギングのルートだ。

走り始めて十分くらい経った頃だろうか。ふと、鼻先を生臭い臭いが掠めた。何だろうと辺りを見回してみると、すぐにその正体が分かった。

猫が、民家のブロック塀に頭から突っ込んで死んでいた。

その姿を見た瞬間、心臓を思い切り掴まれたような気がした。すぐ先に、一時停止の標識が見える。昨晩、車を停めた場所だった。

あのときの妙な音、感触はこの壁に突っ込んだ猫だったのではないか——。

猫の潰れた顔から零れた眼球が、彼の姿を睨みつけているような錯覚を覚えた。強烈な罪悪感が全身を突き抜ける。

田中さんはそれ以上走る気にもなれず、元の道をすごすごと引き返して、一日沈んでいたという。


それからだった。家で、ふと気を抜いた拍子に猫の声が聞こえるようになった。

なぁーん。そう小さく鳴いて、甘いような生臭いような臭いが鼻を衝く。そして、四足歩行の小さな影が、視界の端をふっと横切って消えていく。

食事をしているとき、ベッドにいるとき、ふと気を抜けば、甘ったるい声と生臭さ、小さな影がやってくる。だが、田中さんの奥さんには見えていないようだった。

「さっき、風呂から上がってベッドに横になっているときに、五キロくらいあるみたいな何かが、急に身体に乗りかかってきたんだ」

とうとう、接触してきた。

そう思った田中さんは、いても立ってもいられず、加瀬さんに連絡を入れたらしい。


お祓いとかはどうだと加瀬さんが訊くと、田中さんは首を振った。

「近所の神社にも行ってみたんだけど、うちではお祓いとかはやってないって追い返されちゃって。お守りも買ってみたけど全然意味ないしさ、これはもう本物に頼るしかないような気がするんだよ。お前なら、誰か知っているだろ」

そう必死な顔で縋《すが》られても、交友関係の中に〈本物〉の心当たりはない。

仕事の関連で、地鎮祭等の世話になった神主はいるものの、霊能者の知り合いなどは一人も思いつかない。だが、こんな険相を浮かべた友人を無碍《むげ》にはできない。

その夜は、数日待ってくれるかと田中さんに伝えて、加瀬さんは帰宅した。

結局、方々に伝手を頼って、漸く巡り合ったのが屋代さんという人物だった。

屋代さんは加瀬さんの従姉妹が懇意にしている占い師の弟に当たる人で、所謂〈視る〉力があるということだった。近隣に住んでいるということで、待ち合わせ場所は田中さんの自宅に設定された。何故か、仲を取り持った加瀬さんも、「心強いから」と呼ばれて同席することとなった。

田中さん夫妻と加瀬さんが家で待っていると、予定の時間から少し遅れてインターホンが押された。屋代さんだ。田中さんの奥さんがドアを開けると、そこには四十代半ばの痩せた男性が立っていた。一見すると、霊能力があるようには見えない。そんな場の雰囲気を察したのか、苦笑いしながら屋代さんはこう告げた。

「誤解があるようなら申し訳ないですが、僕の力はただ〈視る〉だけですからね」

ただ、リビングに入った瞬間、屋代さんは一言「あ。何かいますね」と断言した。

田中さんのすぐ横の床に、黒くて丸いものがうずくまっていると彼は続けた。

驚く田中さんを制して、「心当たりはありますか」と屋代さんは問いかけた。

田中さんは自分がしたこと、そして現在自分に起きていることの仔細を話した。時折、言葉が止まり、キョロキョロと辺りを見回す。加瀬さんには聞こえないが、どうも彼には猫の声が聞こえているようだ。

「――どうしたら良いでしょう。既に、猫が死んでいた場所には何度も訪れて、謝罪やお清めなんかもしたのですが、全く意味がなくて。僕も猫好きだし、本当に本当に申し訳ない気持ちではいっぱいではあるのですが」

田中さんの話を何度も頷きながら聞いていた屋代さんだったが、おもむろに床から立ち上がった。

「猫じゃありません」

彼はきっぱり言い切った。驚いた田中さんは素っ頓狂な声を上げる。

「いや、でも僕は声も聞いているし、朧げですが、姿だって見ているんですよ」

「猫ではないです。恐らく、その猫はたまたま轢《ひ》かれて死んでいただけでしょう。車だって無傷なのでしょう？　貴方じゃないです。でも、影は実在します。これは貴方の罪悪感を頼って呼ばれたもので、元々この家にいたものです。——何か心当たりはありますか」

それまで黙って聞いていた田中さんの奥さんが、突然「隆太！」と大きな声を上げた。

その瞬間、田中さんの顔色がさっと変わった。

真っ青な顔で、ブルブルと震えだす。

「お前、ふざけんなよ。馬鹿言うんじゃない！」

そう奥さんをいなす田中さんの声は、完全に怯えきっている。その姿を奥さんが憤怒の表情で見つめている。そんな二人の姿を横目に、屋代さんは困った表情を見せ、「隆太さんとは？」と加瀬さんに問いかけた。

「隆太――君、は田中さんの御子息です。四年くらい前に、シッズ――乳幼児突然死症候群で亡くなったと聞いていますが」

なるほど、と屋代さんは答えると、加瀬さんには何もないように見える床に、暫く視線を注いだ。

「確かに、これは乳児ですね」

そう呟くと、彼は剣呑な雰囲気の田中夫妻に向き直った。

「田中さん、貴方の『申し訳ない』という気持ちに呼応して隆太君は出てきたのだと思います。『自分のことじゃないか』って。だから、あなたはその気持ちを捨てる必要があります」

田中さんは何も答えない。奥さんは、屋代さんと同じように床を凝視しながら、口を開いた。

「じゃあ、具体的にはどうすれば良いんですか」

消えそうな声だった。

「田中さんの心の中にある罪悪感が、隆太君を呼ぶ装置になっています。それを断ち切るために、『さようなら』と心の中で伝えてください。なるべく接触を減らすためにも、一時的に隆太君を思い出すようなものは片付けておいたほうが良いと思います。繋がりを切っていくんです」

田中さんは俯いたまま、分かりました、と小さく答えた。

加瀬さんの元に再び田中さんから連絡が来たのは、屋代さんの一件から三カ月後だった。何の音沙汰もないから順調にいっているのかと思いきや、現れた田中さんの目は落ち窪み、体重も十キロ以上落ちているようだ。髪もぱさぱさで毛量も減っているように見える。まるで別人のようだ。

「どうしたんだよ、大丈夫なのか?」

「いや、酷いんだ。全部処分したのに、どんどん悪くなっているんだ。今では部屋の中を這いずる隆太の姿がはっきり見えるし、あいつのオムツの臭いがいつもするんだよ。あのさ、悪いんだけど、もう一度、屋代さんに相談させてもらえないかな」

そういうことならと、再び屋代さんに電話をした。すると、たまたまその日は予定が空いていたらしく、すぐに近くまで来てくれることとなった。

待ち合わせ場所のファミレスで田中さんの姿を認めた瞬間、屋代さんは「ああ」と悲壮な溜め息を漏らした。

「以前も言ってますが、私の能力は〈視る〉だけで、何かを祓ったりということはできな

いんです。そして、お分かりのことだと思いますが。これは貴方の家族の問題ですよ。そ
このところ、きちんと御理解されていますか」

詰問口調の屋代さんの言葉を受け、田中さんはブルブル震え、遂には泣きだした。

「何があったか、貴方の口からお話しいただけますか。正直に。何が起きたのか」

説得するような屋代さんの言葉に、田中さんは観念したかのように話しだした。

「あの日、隆太が死んだ日、妻は母親の体調が悪いとかで、一晩家を空けていました。俺は隆太の子守のために家に残ったのですが、夜泣きのせいで慢性的に寝不足で。朝まで眠りこけてしまったんです。そうしたら、朝に隆太が――」

そこまで言うと、田中さんは嗚咽を漏らした。

「死因は、本当のところは分からないんです。本当に、突然死んでしまった。あの日、俺がきちんと起きていれば、もしくは妻が家にいれば、異変に気付いたかもしれないのに」

隆太に申し訳がないです。田中さんはそこまで言うと、机に突っ伏し、おいおいと泣き始めた。しかし、そんな様子を見ても、屋代さんの態度は冷ややかだ。

「あなたは今、隆太君とかなり深い縁で結ばれてしまっています。これを断つためには、貴方が自分自身で隆太君にしてしまったことを自覚する必要があります。奥さんと話し合って、少しでも隆太君との縁が薄まるように努めてください。このままだと取り返しの

付かないことになりますよ」

その言葉に、田中さんは何かを決意した表情で強く頷く。

相談ごとは前向きに解決したはずだったが、加瀬さんには何だか嫌な予感がした。


加瀬さんが再び田中さんと会ったのは、それから更に一年経った後だった。

暫くは電話をしても繋がらない時期が続き、加瀬さん自身の忙しさもあって、田中さんの一件をすっかり忘れてしまっていたのだ。

風の噂で田中さんが入院しているという報せを聞いて、加瀬さんは仰天した。それも、かなり容態が悪いのだという。慌てて彼の奥さんに電話をし、教えられた病室に駆け付けてみると、最早別人のようにしおれきった田中さんが、幾本ものチューブに繋がれて横たわっていた。

「ああ、久しぶり。悪いな、わざわざ」

加瀬さんの姿を認めると、田中さんは掠れた声でそう言って、大粒の涙をこぼした。

「お前どうしたんだよ、そんな格好で。何があったんだ」

加瀬さんの言葉に、田中さんは言葉にならない唸り声を上げた。

「俺、ちゃんとやったんだよ。家内にも言って、隆太の物を全部処分したんだ。あいつの仏壇だって、全部壊して捨てたのに」

　仏壇を捨てたのか。

　加瀬さんの苦い表情に気付かないのか、田中さんは譫言《うわごと》のように続ける。

「駄目なんだよ、隆太の臭いがどんどん濃くなる。生臭い、腐った粥みたいな甘い臭い。猫みたいな鳴き声と、這いずる音がどんどん大きくなって。今もほら、ここにいるんだ」

　そう言って布団をめくると、田中さんの腹は腹水で大きく膨らんでいた。

「あいつが押してるんだよ、内側から。もうすぐ出てくるんだ、こいつが、こいつが！」

　田中さんは咆哮しながら腹を拳で叩いた。いたたまれなくなった加瀬さんは、騒ぎを聞き駆け付けた看護師に後を任せ、病院から逃げ帰った。


　田中さんの訃報が届いたのは、それからすぐだった。膵臓《すいぞう》ガンで、見つかったときには既に末期症状だったという。

　通夜では、色々な噂話が囁かれていた。話題の中心は五年前に亡くなった隆太君である。

　実際、事件性があるのではないかと警察が調べていたのは事実らしい。あれは夜、奥さんがいなかったのが悪いとか、明確に「あの女は疫病神だ」と囁く人もいた。

　田中さん一家を知る加瀬さんとしては、随分、居心地が悪い通夜となった。

通夜で顔を合わせた田中さんの奥さんは、加瀬さんを見かけると深々とお辞儀をした。

「加瀬さん。生前は主人がお世話になりました」

「このたびは御愁傷様です。結局、何の力にもなれず申し訳ありません」

「いえいえ。加瀬さんには本当に、本当に色々お世話になって」

奥さんはそう言うと、優しく微笑んだ。

「田中が、隆太君の仏壇を処分したという話を伺いました」

「ええ、主人ったら『隆太との縁を断ち切る』とか言って、トンカチでバラバラにしてしまったんです。勝手なものでしょう、あれでも隆太の親なのに」

加瀬さんは何も言えなかった。

元はと言えば、自分が紹介した人物の一言がきっかけだったのだ。加瀬さんの気まずい雰囲気を知ってか知らずか、奥さんは朗らかに続ける。

「ね。あの人、外面はいいんですが、本当に勝手な人なんです。隆太が死んだ夜だって、あの人の母親の介護に私一人行かせて、あの人は酒を飲んで、居酒屋で知り合った女の家で一晩過ごしていたんです。その間、隆太は独りぼっちでどんなに寂しかったことか」

耳を疑った。田中から聞いていた話と違う。加瀬さんは掛ける言葉を失った。

「兎に角勝手なんですよ。全部全部、私に押し付けて、自分は綺麗さっぱり忘れてしまおうだなんて。そんなの許される訳がないんです。私は隆太を生んで、こんなにお腹もダルダルになっちゃって、骨盤もおかしくなっちゃって元の仕事に戻ることもできないのに。あの人は、何も失わないで。だから、父親であることを忘れないように、私は毎日毎日、漢方薬を煎じながら、隆太の話をしていたんです。あの人、激高して何度も私のこと張り倒したりしましたけど、私はやめませんでした」

ギョッとして奥さんを見る。しかし彼女は涼しい顔をしている。

「隆太は、パパが好きだったんです。家事も仕事も介護も、育児だってこんなに私が頑張っているのに、どうしようもなくパパっ子だったんですよ。だから二人連れだって、地獄でも何でも落ちればいいんです。あんな奴ら」

それだけ言うと、田中夫人は何かをポイと地面に投げ捨てて立ち去った。

彼女の去った後には、小指の爪くらいの、乾いて干涸《ひか》らびた何かが砂利に混じって転がっていた。

「半分だけだったけど、多分、あれは臍の緒だと思います」

加瀬さんはそう言うと、渋い顔をして俯いた。

あとがき

厭な話に辿り着くまで

実話怪談の世界に飛び込んでから、今年でちょうど十年。集めてきた中でも特に奇怪な、更に言えばなるべく読後に口内がざらざらと乾燥しそうな「厭な」話を本書に収めた。

神沼さんとは中野の怪談会でお会いして以来、実に七年のお付き合いとなる。初めてお会いした際は、なんて「厭な」お話を、それも嬉々としてされるのだろうと驚嘆していたが、蒐集した怪談が放つ禍々しい輝きに魅了され、会の終いには同じ表情になっていた。

「いやいや、最近はまたとんでもない酷い話を聞いたんですよ」

住まいが近かった神沼さんとお会いする度、この言葉を枕に即席の怪談会が始まる。

本当に、神沼さんは怪談を愛し、怪談に愛されている御仁だ。たとえ、その怪談話が転がっている先が底なしの闇だとしても、神沼さんは笑顔も崩さず進んでしまうだろうな。

「玄室」を出すに当たり、共著者の神沼三平太さん、監修の加藤一さんを始め、お話を提供いただいた方々、そしていつも私の奇怪な世界への探索を共に楽しんでくれるNさん、読者の皆々様に、収まりきらない感謝を申し上げ、結びとさせていただきます。

若本衣織

あとがき

厭な怪談をする女

若本衣織は厭な怪談をする女だ。

これから彼女のことをベタ褒めする。だが、その前に、もう一度言っておこう。

若本衣織はとても厭な怪談をする女だ。

あまり人のことを褒めない僕が手放しで褒めるんだから、それはもう凄いのだ。お読みになった方は納得でしょう。昭和生まれの僕と平成生まれの彼女とでは、実に二十歳近い差があるのだが、とにかく彼女の話にはいつも圧倒させられてしまう。

だから、あちら側に置いておくのは、あまりにももったいないということで、頼んでこちら側に来てもらうことにした。案の定、今回も凄い話を書いてきた。

そんな訳で、竹書房怪談文庫はとてもいい人材を手にした。今後も大暴れしてほしい。

ダメ押しでもう一度言っておこう。

若本衣織はとんでもなく厭な怪談をする女だ。

よし。これでみんな忘れないね。しかし、困ったな。僕も負けておられんのですよ。

令和三年霜月末日　　神沼三平太

実話怪談 玄室

2022年1月3日　初版第一刷発行

著者……………………………………………………………… 神沼三平太、若本衣織
編者…………………………………………………………………………神沼三平太
監修………………………………………………………………………………… 加藤 一
カバーデザイン……………………………………………… 橋元浩明（sowhat.Inc）

発行人……………………………………………………………………………後藤明信
発行所…………………………………………………………………株式会社　竹書房
〒102-0075　東京都千代田区三番町8-1　三番町東急ビル6F
email: info@takeshobo.co.jp
http://www.takeshobo.co.jp
印刷・製本……………………………………………………………中央精版印刷株式会社